CH00959722

Littérature

PROGRESSIVE

DU Français

avec 600 activités

Nicole **B**londeau
Ferroudja **A**llouache
Marie-**F**rançoise **N**é

CLE
INTERNATIONAL

CRÉDITS PHOTOGRAPHIQUES

P. 12: Ph. Coll. Archives Larbor / Bibliothèque nationale de France, Paris, **p. 14**: Ph. Hubert Josse © Archives Larbor / Bibliothèque du Musée de Condé, Chantilly, **p. 16**: Ph. Coll. Archives Larbor / Bibliothèque nationale de France, Paris, **p. 20**: Ph. H. Josse © Archives Larbor / Musée national du Château de Versailles, Versailles, **p. 22**: Ph. Coll. Archives Larbor / Bibliothèque nationale de France, Paris, **p. 24**: Ph. Coll. Archives Larbor / Bibliothèque nationale de France, Paris, **p. 26**: Ph. Coll. Archives Larbor / Bibliothèque nationale de France, Paris, **p. 28**: Ph. H. Josse © Archives Larbor / Musée Condé, Chantilly, **p. 32**: Ph. H. Josse © Archives Larbor / Musée national du Château de Versailles, Versailles, **p. 34**: Ph. Coll. Archives Nathan / Musée du Château de Versailles, Versailles, **p. 36**: ROGER VIOLLET/ND, **p. 38**: ROGER VIOLLET/ND., **p. 40**: Ph. Coll. Archives Larbor / Bibliothèque nationale de France, Paris, **p. 44**: ROGER VIOLLET/Harlingue, **p. 46**: Ph. H. Josse © Archives Larbor / Musée national du Château de Versailles, Versailles, **p. 48**: Ph. H. Josse © Archives Larbor / Musée du Louvre, Paris, **p. 50**: Ph. © Archives Nathan / Musée du Château de Versailles, Versailles, **p. 52**: Ph. Jean Tarascon © Archives Larbor / Musée Antoine-Lécuyer, Saint-Quentin, **p. 54**: Ph. Hubert Josse © Archives Larbor / Musée Lambinet, Versailles, **p. 56**: Ph. H. Josse © Archives Larbor / Musée national du Château de Versailles, Versailles, **p. 58**: Ph. Guiley-Lagache © Archives Larbor, **p. 62**: Ph. Hubert Josse © Archives Larbor / Musée du Louvre, Paris, **p. 64**: Ph. H. Josse © Archives Larbor / Musée national du Château de Versailles, Versailles, **p. 66**: Ph. Coll. Archives Larbor / Bibliothèque nationale de France, Paris, **p. 68**: Ph. Hubert Josse © Archives Larbor / Musée national du Château de Versailles, **p. 70**: Ph. Jeanbor © Archives Larbor / Maison de Balzac, Paris, **p. 72**: ROGER VIOLLET/Harlingue, **p. 74**: Ph. J.L. Charmet © Archives Larbor / Musée Carnavalet, Paris, **p. 76**: Ph. S. Guiley-Lagache © Archives Larbor/ Musée national du Château de Versailles, Versailles, **p. 78**: ROGER VIOLLET, **p. 80**: Ph. Coll. Archives Larbor, **p. 82**: Ph. Bacot © Archives Larbor/ Bibliothèque nationale de France, Paris, **p. 84**: ROGER VIOLLET, **p. 86**: Ph. Coll. Archives Nathan / Bibliothèque Nationale de France, Paris, **p. 88**: ROGER VIOLLET, **p. 90**: Ph. Coll. Archives Larbor/ Bibliothèque nationale de France, Paris, **p. 92**: Ph. Nadar - Coll. Archives Larbor, **p. 96**: Ph. Michel Didier © Archives Larbor/ Bibliothèque nationale de France, Paris, **p. 98**: ROGER VIOLLET, **p. 100**: ROGER VIOLLET, **p. 103**: ROGER VIOLLET/Martinie, **p. 104**: ROGER VIOLLET/Lipnitzki, **p. 106**: ROGER VIOLLET, **p. 108**: ARCHIVES LARBOR© Seuil, **p. 110**: Ph. © S. Lido / Sipa Press/T., **p. 112**: Ph. H. Martinie - Coll. Archives Larbor, **p. 114**: ROGER VIOLLET/Lipnitzki, **p. 116**: Ph. Jeanbor © Archives Larbor, **p. 118**: Ph. © L. Monier / Gamma/T., **p. 120**: ROGER VIOLLET/Harlingue, **p. 122**: Ph. Patrice Pascal © Archives Larbor, **p. 124**: ROGER VIOLLET/Harlingue, **p. 126**: ARCHIVES LARBOR© Seuil, **p. 128**: Ph. P. Pascal © Archives Larbor, **p. 130**: Ph. © L. Monier / Gamma/T., **p. 132**: SIPA PRESS/Andersen, **p. 134**: ROGER VIOLLET/Lipnitzki, **p. 136**: SIPA PRESS/Souloy, **p. 138**: Ph. Patrice Pascal © Archives Larbor, **p. 140**: ROGER VIOLLET, **p. 142**: GAMMA/Toussaint Manuelle, **p. 144**: SIPA PRESS/Ginies

Direction éditoriale : Michèle Grandmangin
Édition : Bernard Delcord
Maquette : Télémaque
Mise en page : CGI
Iconographie : Nathalie Lasserre

© CLE International - 2003
ISBN : 209-033756-7

Avant-Propos

Un enseigne-
ment de langue
qui ferait
l'impasse sur
la littérature
me paraît être
un barbarisme.
Harald
Weinrich.

La *Littérature progressive du français* réinstaure la littérature parmi les supports d'apprentissage de langue et de culture étrangères ; elle en avait été exclue par certaines méthodologies, puis réintégrée par l'approche communicative, mais parfois sans réel accompagnement pédagogique.

La place de la littérature dans l'enseignement/apprentissage de la langue :

Ce n'est pas une place en soi ni à part, mais une place légitime parmi tous les discours socialement produits servant de matériaux pédagogiques. À la différence de certains documents authentiques, le texte littéraire n'est pas périssable. S'y expriment les aspirations pérennes des humains, échos se répondant de siècle en siècle, l'expérience subjective du monde, le rapport singulier au langage, aux savoirs constitués, aux codes sociaux, aux représentations des autres et de soi-même. C'est l'un des moyens d'accès à la compréhension de formes culturelles différentes. L'autre spécificité du texte littéraire est sa littérarité, c'est-à-dire le fait qu'il supporte une multiplicité d'interprétations (ce qui ne signifie pas que toute interprétation soit possible !). À chacun de l'investir en fonction de ses compétences culturelles, linguistiques, de ses pratiques de lecture, de sa sensibilité et de sa fantaisie. C'est dans la littérature aussi que se révèlent les infinies potentialités de la langue.

Le niveau :

L'ouvrage s'adresse à un public d'étudiants ayant suivi 200 à 250 heures d'enseignement de français.

Les textes :

Ils appartiennent, pour la plupart, au patrimoine littéraire français, concernent tous les genres et sont connus de la majorité des élèves parvenus en France à la fin du lycée. Ce sont des « classiques ». D'autres font partie de la littérature francophone ; d'autres encore témoignent d'évolutions récentes de l'écriture romanesque.

Nos choix :

– Nous avons féminisé quelques noms (*auteure*, *écrivaine*, *professeure*), comme le Québec le fait déjà depuis de nombreuses années.
– Nous avons tenu à ce qu'au moins une écrivaine soit présente par siècle.
– Aucun passage n'a été éliminé à l'intérieur des extraits choisis.
– Aucun exercice de grammaire ou de vocabulaire n'accompagne les activités pédagogiques. La littérature n'est pas un prétexte à ce type de travail. La norme grammaticale est parfois impuissante à exprimer une pensée singulière : l'auteur joue souvent sur les écarts par rapport aux modèles. En revanche, la grammaire et le lexique sont interrogés lorsqu'ils révèlent une intention particulière de l'auteur, participent de la spécificité du texte.

Notre pacte pédagogique :

– Faire confiance aux étudiants : même si leur niveau de langue n'est pas encore adapté aux difficultés (quelquefois supposées) des textes, leur expérience du monde, leurs compétences de lecteurs en langue maternelle sont transférables à l'écrit étranger. Le texte préserve ainsi « ses droits », et l'étudiant son statut de lecteur.

– Désacraliser la littérature pour tous ceux qui ne se sentent pas autorisés à la fréquenter. Le rapport aux objets culturels est socialement construit. Il n'y a pas de sensibilité innée à la beauté de la littérature. La culture cultivée s'acquiert par apprentissage. Les nombreuses médiations, explicitations, mises en lien et en perspective donnent la clé du code d'accès à l'appréhension pertinente de l'œuvre. C'est le rôle des enseignants de transmettre cette clé.

– Accepter la paraphrase (comme nous le faisons dans certaines questions), qui est un indice de l'appropriation du texte par l'étudiant.

– Accueillir les interprétations des étudiants sans les évaluer négativement, même si elles ne correspondent pas à ce qui est attendu. Les lectures insolites viennent parfois de prismes socio-culturels. Il s'agit d'analyser ces représentations pour opérer le passage à celles présentes dans le texte. Soulignons que le corrigé est un guide pour l'utilisateur et non une référence absolue.

– Reconnaître les valeurs du passé simple, temps verbal utilisé dans de nombreux textes littéraires, sans qu'il soit nécessaire d'en apprendre les formes.

Les objectifs :

– Ils visent l'enrichissement de la langue (compréhension et expression), l'acquisition de connaissances littéraires, l'accès à une culture, la construction d'une perception esthétique.

– Ils s'attachent au développement de compétences lectorales.

– Ils permettent un travail sur l'argumentation, la justification, l'explication.

– Ils favorisent la confrontation des idées et des goûts.

Le texte littéraire est un espace à explorer, générateur de sensations, de réflexions sur soi, sur l'autre, sur la langue à maîtriser. C'est une approche sensible qui est privilégiée, ce qui ne signifie pas que l'entrée dans l'écrit ne soit pas cadrée par des « procédures réglées ».

Notre ambition serait réalisée si cet ouvrage contribuait à donner le plaisir de lire.

La progression :

Elle est laissée à l'appréciation des enseignants. Le choix d'un texte doit tenir compte des étudiants, de leur âge, de leurs intérêts aussi, et ne repose pas uniquement sur leurs acquis linguistiques.

La démarche :

Axes généraux

La démarche est ancrée dans le texte et dépend de lui : il n'y a donc pas de démarche systématique. Cependant, des axes peuvent être dégagés :

– Il s'agit de privilégier la découverte, l'interrogation, la réflexion. Ce n'est pas une compréhension parfaite qui est visée, mais il n'est pas non plus question de compréhension globale puisque des faits de langue, des écarts par rapport à la norme, des mouvements discursifs ou des jeux poétiques sont analysés.

– La première lecture doit être silencieuse : l'étudiant est seul face aux bruissements du texte. Il est important de lui laisser le temps de ressentir l'effet que produit l'écrit. Il n'y a pas d'obligation de respecter une lecture linéaire : elle peut être vagabonde, s'accrocher à des mots, des fragments qui font naître des sensations, des images, des questions. L'étudiant a le loisir de balayer l'aire scripturale, de récolter ce qu'il peut ou ce qu'il veut pour construire son propre parcours de lecture.

– La lecture de la biographie n'est pas le premier passage obligé. Mieux vaut choisir, d'emblée, le texte et son entourage, afin de ne pas induire d'interprétations en fonction des éléments biographiques.

– Lorsqu'arrive le moment de la mise en commun des réactions face au texte, les interactions dans la classe participent à l'élaboration des sens pluriels de celui-ci.

Accompagnement pédagogique

Première étape : découverte

C'est la première rencontre avec le texte. Elle peut se faire sans le lire, seulement en regardant sa composition, la typographie, la ponctuation, les fractures, les entailles, ce qui rompt avec la linéarité du *continuum* linguistique, en repérant des fragments. L'image du texte, son organisation, est porteuse de sens. Élaborer des hypothèses sur le type d'écrit proposé, sur ses thèmes possibles, sur l'intrigue, c'est créer un horizon de lecture, une attente. Le travail sur le paratexte est important : les indices qu'il livre apportent des éléments de reconnaissance, orientent la lecture, ancrent l'œuvre dans un contexte.

Deuxième étape : exploration

C'est la confrontation avec le texte.

– Les tâches à effectuer : « repérer, observer, noter, relever, souligner » rendent l'étudiant actif face à l'écrit. Il n'attend pas que le sens se donne (ou que l'enseignant le lui suggère), il l'élabore par tâtonnements, en liant les indices, en croisant les données. Ces tâches ne se réduisent pas à des mécanismes, mais aident à construire du sens. On ne relève pas un seul mot, mais aussi son entourage, même si celui-ci ne fait pas l'objet d'interrogation. On est déjà dans la lecture.

– Pour faciliter la compréhension, beaucoup de termes sont expliqués dans les questions elles-mêmes. Des reformulations élucident certains passages jugés difficiles. Notre volonté est d'accompagner l'étudiant dans sa lecture et non de le mettre en difficulté, afin que la littérature reste ce qu'elle est : un plaisir.

– Le lecteur est sans cesse sollicité sur ce qu'il pense, ce qu'il ressent. En fonction du texte, des liens, des comparaisons sont établis avec sa culture.

– La dernière question articule lecture et production ou propose une réflexion ouverte à partir du texte. Cette option n'est pas systématique. Quelquefois, l'étudiant est renvoyé au silence du texte, à lui-même…

La littérature est un carrefour d'interculturalité : elle confronte le lecteur à des valeurs, des croyances qui ne lui sont pas toujours familières. Les voix contradictoires qui s'y expriment permettent d'échapper à l'enfermement d'une vision exclusive du monde. Cet ouvrage se veut donc aussi, pour l'étudiant, outil d'apprentissage d'une libre pensée.

Les auteures

Sommaire

Sommaire

Le Moyen Âge

Le Moyen Âge littéraire s'étend du XIIe siècle à la fin du XVe.

Les XIIe et XIIIe siècles connaissent un extraordinaire essor dans tous les domaines. La monarchie s'impose ; la construction de Notre-Dame de Paris commence en 1163 ; les premières universités sont créées (la Sorbonne en 1252). Des calamités marquent les XIVe et XVe siècles : la peste, la guerre de Cent Ans (Jeanne d'Arc, qui a combattu les troupes anglaises, est brûlée à Rouen en 1431), des révoltes dans les villes et les campagnes.

Les institutions sociales et politiques reposent sur la féodalité : un contrat entre le suzerain et son vassal basé sur la réciprocité des services.

À cette époque, la France est plurilingue. Le latin est utilisé par les clercs ; la langue d'oc est parlée au sud, la langue d'oïl au nord. Pour des raisons politiques, la langue d'oïl deviendra dominante.

LES GENRES LITTÉRAIRES

Le théâtre

Son origine est religieuse et remonte au Xe siècle. Des épisodes de la Bible sont interprétés en latin puis en langue vulgaire (le roman). D'abord représentés à l'intérieur des églises, ces drames liturgiques se jouent ensuite dans la rue. *Le Jeu d'Adam*, le plus ancien texte qui nous soit parvenu, date du XIIe siècle. Les *miracles* sont consacrés à la vie des saints : *Le Miracle de Théophile* (Rutebeuf, XIIIe siècle), les *mystères* à la passion du Christ : *Les mystères de la Passion,* (Arnoul Gréban, 1450). Puis des pièces profanes sont introduites : *Le jeu de la feuillée* d'Adam de la Halle ainsi que des intermèdes burlesques : les farces. La plus connue est *La farce de maître Pathelin* (vers 1465).

Les récits légendaires

Ils s'inspirent de thèmes empruntés à l'Histoire de France, à l'Antiquité, et aux contes celtiques (Bretagne). Ils sont écrits en roman, qui donnera son nom au genre littéraire, et en vers.

• Les chansons de geste, longs poèmes épiques, racontent les exploits des chevaliers. La *Chanson de Roland* (vers 1070) appartient au cycle de Charlemagne et magnifie les combats de l'Empereur contre les Sarrasins.

• le *Roman de Thèbes* (vers 1155-1160) relate la lutte fratricide des fils d'Œdipe ; Le *Roman d'Alexandre* (1170-1180), écrit en vers de douze pieds, adapte un texte antique.

• L'amour impossible de *Tristan et Yseut,* première légende qui nous vient de Bretagne, s'inscrit peu à peu dans le cycle des aventures du roi Arthur et des chevaliers de la Table ronde. Chrétien de Troyes (1135 ?-1190 ?) reprend ces mythes celtiques en les adaptant à l'idéal de la chevalerie (loyauté du chevalier envers son seigneur) et de l'amour courtois (soumission du chevalier à sa Dame) : *Le chevalier au lion* (1180), puis en les christianisant : *Le conte du Graal* (1181). Dans la seconde moitié du XIIᵉ siècle, la première poétesse, Marie de France, s'inspire de ces contes pour composer des lais.

■ Les récits satiriques et moraux

Ils mêlent le réalisme à la satire, la grossièreté à la morale.

• *Le Roman de Renart* (fin du XIIᵉ siècle) décrit un monde animal qui ressemble à celui des humains.

Les fabliaux (XIIIᵉ-XIVᵉ siècles) sont de courts récits au comique parfois vulgaire, qui reposent sur des jeux de mots et des quiproquos.

■ La poésie

• *Le Roman de la Rose*, poésie allégorique et didactique :
Vers 1230, Guillaume de Lorris compose une longue somme poétique, basée sur le code de l'amour courtois où l'Amant doit séduire sa Dame, symbolisée par une rose, dans un univers peuplé d'allégories. Jean de Meung en rédige une suite parodique et moralisatrice vers 1275, loin du délicat lyrisme de la première partie.

• Poésie lyrique :
À l'origine, elle est chantée ; les troubadours transmettent une poésie fine et élégante, influencée par les cultures chrétienne, arabe et juive de l'Espagne. Au XIIIᵉ siècle, un nouveau courant apparaît avec Bodel et Rutebeuf (*La Complainte Rutebeuf*), qui unit réalisme et lyrisme personnel. Guillaume de Machaut (XIVᵉ siècle) détache les textes de leur lien avec la musique et met à l'honneur des « poèmes à forme fixe » : ballades, rondeaux, lais… Christine de Pisan, Charles d'Orléans et François Villon se sont illustrés dans cet art poétique.

■ Les chroniques

Ce sont des témoignages sur les évènements contemporains. Villehardouin raconte la quatrième croisade (1202-1204), Joinville écrit, vers 1272-1309, l'*Histoire de Saint Louis* (le roi Louis IX). Dans ses *Chroniques,* Froissart rend compte des guerres d'Europe de 1327 à 1400 et les *Mémoires* de Philippe de Commynes (1489-1498) se rapportent aux règnes de Louis XI et de Charles VIII.

Contre les médisants

Christine de Pisan

(Pisano, Italie, vers 1364 – France, 1431) Elle est, avec Marie de France (XIIᵉ siècle), la première femme écrivaine française.

Christine de Pisan arrive en France en 1368, avec son père, médecin et astrologue, appelé à la cour de Charles V. Veuve à 25 ans, elle doit subvenir seule aux besoins de sa famille. Elle devient alors écrivain, métier exclusivement réservé aux hommes. Femme très cultivée, courageuse, mêlée à la vie politique du royaume, elle écrit de nombreux ouvrages didactiques, *Livre du corps de Policie* (1408) et lyriques, *Cent ballades d'amant et de dame* (1390-1410). Dans *l'Épître au dieu d'amours* (1399), premier témoignage du combat féministe, elle s'insurge contre le mépris avec lequel les femmes sont traitées par Jean de Meun dans le *Roman de la Rose*. Retirée dans un couvent, elle écrit encore *Lamentation sur les maux de la guerre civile* (1420) et le *Dictié en l'honneur de la Pucelle* (1429), en hommage à Jeanne d'Arc.

Dieu, quels beaux parleurs ! Dieu, quelles assemblées où l'on piétine l'honneur des dames ! Quels profits peuvent tirer de leurs diffamations ceux-là mêmes qui devraient s'armer pour les garder et les défendre ? Car tout homme devrait s'attendrir à l'égard d'un sexe auquel il doit sa mère, qui n'a pour lui ni 5 méchanceté ni cruauté, mais douceur et amabilité, qui lui vient en aide au besoin et lui rend tant de services pour la conduite de sa vie. De la naissance à la mort, les femmes lui sont secourables, pitoyables, douces et serviables. Qui en médit fait preuve d'ignorance et d'ingratitude. Je dis que l'homme se rabaisse en injuriant, 10 calomniant ou blâmant les femmes séparément ou en totalité. À supposer qu'il y en ait de sottes ou affligées de plusieurs défauts, sans foi, ni amour, ni loyauté, fières, méchantes et cruelles, inconstantes, légères, versatiles, cauteleuses, fausses et trompeuses, doit-on pour autant les condamner toutes et décider en bloc qu'elles ne 15 valent rien ?

Christine de Pisan, *Épître au dieu d'amours*, 1399, version en français moderne, *La littérature morale au Moyen Âge*, Classiques Larousse, 1935. Le texte original est en vers.

Pour mieux comprendre

une épître : poème argumentatif qui s'adresse à un destinataire précis.

les médisants : personnes qui disent du mal des autres, qui médisent (v. *médire*).

piétiner : taper des pieds sur le sol ou sur un objet, frapper avec les pieds. Ici, le sens est figuré : ne pas respecter, malmener, dire du mal.

l'honneur : la dignité, la valeur personnelle et sociale.

une diffamation : le fait de porter atteinte à l'honneur de quelqu'un, calomnier, médire.

garder : protéger.

la cruauté : la méchanceté.

pitoyable : le fait d'être sensible aux autres, de venir à leur secours, de les aider.

l'ingratitude : le fait de ne pas avoir de reconnaissance, d'oublier le bien que l'on vous a fait.

se rabaisser : se mettre à un degré, un niveau inférieur.

en injuriant : en insultant, en disant des paroles qui ne sont pas justes, qui peuvent être méprisantes.

sot(te) : stupide, bête.

inconstant(e) : qui change facilement d'opinions, de sentiments ; versatile.

cauteleux, cauteleuse : qui cache la vérité ; hypocrite, sournois.

pour autant : même pour cela.

en bloc : tout ensemble, en totalité, globalement.

Découverte

1 De quelle œuvre est extrait ce passage ? Quel en est le destinataire et qu'évoque-t-il pour vous ?

2 Lisez le titre. À qui l'auteure va-t-elle s'opposer ?

3 Lisez tout le texte et repérez de qui l'on parle. Quel type de texte vous est proposé ?

Exploration

1 Relisez les deux premières phrases : à votre avis, qui sont les « beaux parleurs » et que font-ils dans ces « assemblées » (ces réunions) ? Que signale la ponctuation ?

....

....

2 Dans la phrase qui commence par : « Car tout homme… », reformulez l'opinion défendue par Christine de Pisan.

....

....

3 Comment comprenez-vous la phrase « Qui en médit fait preuve d'ignorance et d'ingratitude » ?

....

....

4 À la fin du texte, quel est précisément le reproche que l'auteure fait aux hommes ?

....

....

5 Dans la dernière phrase, quel est l'effet produit par l'accumulation des défauts attribués aux femmes ? Comment Christine de Pisan construit-elle son argumentation ?

....

....

6 Quelle réponse apporteriez-vous à la troisième phrase : « Quels profits peuvent tirer… » ?

....

....

7 Ce texte est écrit par une femme, en 1399. Pourrait-il être écrit aujourd'hui ? Justifiez votre réponse.

....

....

....

Tristan et Iseut

Tristan et Iseut

Ce mythe vient de la civilisation celte. Il est traduit dans de nombreuses langues. Tristan est accueilli par son oncle, le roi Marc, qui le fait chevalier. Courageux, vertueux, il doit ramener Iseut, la future épouse du roi. Au retour, sur le bateau, Tristan et Iseut boivent le filtre d'amour et s'aiment passionnément. Longtemps, les amants vivent leurs amours secrètement. Le roi apprend leur relation, Tristan s'exile en Bretagne et souffre de l'absence de sa bien-aimée. Gravement blessé, il envoie un ami chercher la reine Iseut qui a des dons de guérisseuse. Si elle accepte, le bateau qui arrive d'Irlande devra porter une voile blanche. Mais Tristan meurt de chagrin car on lui apprend que la voile est noire. Amour tragique, union impossible, ce mythe s'inscrit dans le courant de la « littérature courtoise », dont les héros recherchent un idéal amoureux. Vers 1905, Joseph Bédier, médiéviste, rassemble les textes de Béroul et de Thomas d'Angleterre (Moyen Âge) pour constituer un récit de référence.

À cause de son amour coupable pour Iseut, la femme de son oncle, le chevalier Tristan s'exile en Bretagne. Au cours d'un combat, il est blessé par une lance empoisonnée.

Tristan, immobilisé par sa blessure, gît plein de langueur, en son lit. Rien ne peut le réconforter : il n'est pas de remède qui puisse rien lui faire ou l'aider. Il désire la venue d'Iseut, il ne convoite rien d'autre : sans elle, il ne peut éprouver aucun bien. C'est pour elle qu'il vit : il languit ; il attend, en son lit, dans l'espoir qu'elle viendra et 5 qu'elle guérira son mal. Il croit que sans elle il ne vivrait plus.

Tous les jours, il va à la plage pour voir si la nef revient : nul autre désir ne lui tient au cœur. Souvent, il fait porter son lit au bord de la mer pour attendre la nef, pour voir comment est la voile. Il ne désire rien d'autre que sa venue : là est toute sa pensée, tout son 10 désir, toute sa volonté. Le monde ne lui est plus rien, si la reine à lui ne vient.

Tristan et Iseut, roman en ancien français, en vers, d'après Béroul (1170-1190),
traduit par Joseph Bédier (1900-1905).

Pour mieux comprendre

une blessure : une plaie.

gît : v. *gésir*, être couché.

une langueur : une faiblesse, épuisement moral ou physique.

réconforter : donner du courage, soutenir moralement une personne.

un remède : un médicament qui aide à guérir une souffrance.

convoiter : désirer fortement.

tient au cœur : v. t*enir à* : qui a une grande importance.

une nef : un grand navire à voiles du Moyen Âge.

une voile : une grande toile qui fait avancer les bateaux.

Découverte

1 Quel est le titre de l'œuvre dont est extrait le passage ? Connaissez-vous ces deux personnages ?

2 En vous aidant du chapeau, présentez la situation.

3 Lisez la première phrase. Dans quelle situation se trouve Tristan ?

Exploration

1 Lisez tout le texte. Premier paragraphe, troisième phrase : que désire Tristan ? Que représente Iseut pour lui ?

....

....

2 Quelles interprétations pouvez-vous donner à ces mots : « dans l'espoir qu'elle viendra et qu'elle guérira son mal… » ? Pour vous aider, appuyez-vous aussi sur le chapeau et l'histoire du mythe.

....

....

3 Second paragraphe, première et deuxième phrase : relevez les indications de temps et de lieu. Qu'indiquent-elles par rapport au paragraphe précédent ?

....

....

4 Relisez tout le texte ; observez l'enchaînement des phrases : il n'y a pas de liens logiques *(parce que, mais, car…)* entre elles. Par quoi sont-ils remplacés ? Quel est l'effet produit ?

....

....

5 Dans tout le texte, choisissez la phrase qui, pour vous, traduit le mieux le sentiment de Tristan pour Iseut.

....

6 *Tristan et Iseut* est un mythe universel. Vous connaissez sans doute des histoires qui mettent en scène un amour tragique et impossible. Racontez-les.

....

....

....

....

La ballade des pendus

François Villon

(François de Montcorbier, Paris, 1431 ?-1463 ?) Il est adopté vers huit ans par un prêtre de la Sorbonne, Guillaume de Villon, dont il prend le nom. Il fait des études de théologie et de rhétorique, devient bachelier puis docteur ès lettres. Dès 1455, il mène une vie aventureuse, fréquente les « coquillards », mercenaires de la Guerre de Cent Ans, assassine un prêtre et est banni de Paris. En 1456, il commence le *Lais* ou *Petit Testament*, parodie de roman courtois. Plusieurs fois condamné et sauvé de la pendaison, il écrit, en 1461, son œuvre majeure, *Le grand Testament*. Condamné de nouveau en 1462, il compose en prison *L'Épitaphe Villon*, la célèbre *Ballade des pendus*, (1463). Sa peine est transformée en dix ans de bannissement ; il quitte Paris et on perd alors sa trace. Chez Villon, le lyrisme se mêle au réalisme du langage des mauvais garçons déchirés entre ciel et enfer. Il est considéré comme l'un des premiers maîtres de la poésie moderne.

Frères humains qui après nous vivez,
N'ayez les cœurs contre nous endurcis,
Car, si pitié de nous pauvres avez,
Dieu en aura plus tôt de vous merci,
Vous nous voyez ci attachés, cinq, six :   5
Quant de la chair, que trop avons nourrie,
Elle est pièça dévorée et pourrie,
Et nous, les os, devenons cendre et poudre.
De notre mal personne ne s'en rie ;
Mais priez Dieu que tous nous veuille absoudre !   10

Si frères vous clamons, pas n'en devez
Avoir dédain, quoique fûmes occis
Par justice. Toutefois, vous savez
Que tous hommes n'ont pas bon sens rassis ;
Excusez-nous, puisque sommes transis,   15
Envers le fils de la Vierge Marie,
Que sa grâce ne soit pour nous tarie,
Nous préservant de l'infernale foudre.
Nous sommes morts, âme ne nous harie ;
Mais priez Dieu que tous nous veuille absoudre !   20

La pluie nous a débués et lavés,
Et le soleil desséchés et noircis ;
Pies, corbeaux, nous ont les yeux cavés,
Et arraché la barbe et les sourcils.
Jamais nul temps nous ne sommes assis ;   25
Puis çà, puis là, comme le vent varie,
À son plaisir sans cesser nous charrie,
Plus becquetés d'oiseaux que dés à coudre.
Ne soyez donc de notre confrérie ;
Mais priez Dieu que tous nous veuille absoudre !   30

Prince Jésus, qui sur tous a maistrie,
Garde qu'Enfer n'ait de nous sa seigneurie :
À lui n'avons que faire ni que souldre.
Hommes, ici n'a point de moquerie ;
Mais priez Dieu que tous nous veuille absoudre !   35

François Villon, *L'Épitaphe Villon* dite *La ballade des pendus*, 1463,
version modernisée.

Pour mieux comprendre

une épitaphe : inscription sur une tombe.
pendu : qui est mort par pendaison.
endurci(s) : dur(s), sans pitié.
merci : la grâce, la pitié, la bienveillance.
ci : ici.
quant de la chair : en ce qui concerne le corps.
pièça : depuis longtemps.

la poudre : la poussière.
le mal : le malheur.
personne ne s'en rie : personne ne se moque.
absoudre : pardonner.
débué : qui est lavé.
cavé : qui est crevé.
becqueté : piqué à coups de bec.

Découverte

1 Lisez la biographie de Villon. Dites à quel moment de sa vie cette ballade a été écrite. Comment comprenez-vous le titre du poème ?

2 Lisez les références en bas du texte. Repérez les nouvelles informations qu'apporte le titre complet. Qu'en déduisez-vous ?

3 Une ballade est une forme particulière de poème chanté. Quelle est sa composition, (nombre de strophes, de vers par strophes) ? Que constatez-vous ?

Exploration

Les questions ne concernent que la première et la troisième strophe.

1 Lisez la première strophe. Rappelez -vous le titre de la ballade. À votre avis, qui représente « nous » ? Dans quel état Villon se voit-il ?

....

....

2 En vous aidant du premier vers, notez à qui s'adresse Villon. Comment interprétez-vous l'association de ces deux mots ?

....

....

3 « N'ayez les cœurs contre nous endurcis ». Que leur demande le poète ?

....

4 Reformulez en français moderne les vers 3 et 4. Commencez par « Car si vous... »

....

....

5 « Vous nous voyez ci attachés, cinq, six » : qui voit qui ? Soulignez dans les trois vers suivants les mots qui décrivent l'état de ces « cinq, six ».

....

6 Lisez la troisième strophe. Relevez les mots qui décrivent la destruction des corps par la nature. Que pensez-vous de l'écriture de Villon ?

....

....

7 Soulignez le dernier vers de toutes les strophes. Quelle est la prière du poète Villon ? Quel effet produit cette répétition et à quoi correspond-elle dans une ballade ?

....

8 Que diriez-vous aux hommes, « vos frères humains », si vous écriviez votre épitaphe ?

....

Le XVIᵉ siècle

C'est le siècle de la Renaissance, de l'Humanisme et de la Réforme. La découverte des Nouveaux Mondes, les avancées scientifiques (Copernic, Ambroise Paré), le développement de l'imprimerie, la redécouverte de l'Antiquité changent la conscience que l'homme a de sa place dans l'univers et dans l'Histoire. François 1ᵉʳ (1515-1547), roi et mécène, favorise le nouvel élan des Arts et des Lettres. Il fait venir d'Italie Léonard de Vinci, Cellini, Le Titien, Le Primatice qui décore le château de Fontainebleau.

L'HUMANISME ET LA RÉFORME

L'humanisme est un mouvement intellectuel européen de retour à la culture antique. De grands érudits (Érasme, Guillaume Budé, Thomas More, Étienne Dolet…) traduisent, diffusent, analysent les textes anciens. Ils questionnent les domaines politique, scientifique, esthétique, religieux. Les humanistes opèrent une rupture avec la tradition médiévale, qui s'appuyait sur le commentaire des textes, et reviennent aux écrits originaux, débarrassés de leur glose. Cette méthode s'applique aussi à la Bible, traduite en allemand par Luther et en français par Lefèvre d'Étaples (1530), afin de la rendre accessible au plus grand nombre. Pour le théologien Calvin, la source unique de la foi est dans la Bible. L'autorité de l'Église est donc inutile pour connaître Dieu. Il fonde une religion réformée, le protestantisme, condamné par l'Église catholique et les souverains français. Les guerres de religion ensanglantent le royaume de 1562 jusqu'à la promulgation de l'Édit de Nantes par le roi Henri IV en 1598, qui assure la liberté de conscience et accorde aux protestants le droit d'exercer leur culte.

LES GENRES LITTÉRAIRES

La poésie

• Clément Marot (1496-1544), protégé par François 1ᵉʳ, traducteur d'Ovide et de Pétrarque, passe des formes médiévales (rondeau, ballade…) à celles de la Renaissance : épître, élégie, sonnet.

• L'École lyonnaise, s'inspirant de Pétrarque, est révélatrice de l'influence italienne sur la poésie française. Maurice Scève célèbre l'amour platonique dans une longue suite de dizains au langage hermétique : *Délie, objet de plus haute vertu* (1544). Pernette du Guillet compose *Rymes* (1544), monologue intérieur élégiaque. Dans les sonnets et élégies de Louise Labé, la femme souffre, mais elle désire aussi.

• La Pléiade est un vivier poétique qui s'épanouit au Collège de Coqueret, à Paris, où enseigne l'helléniste Jean Dorat. Les élèves apprennent l'italien, cultivent l'amour des lettres antiques et placent la poésie au-dessus de tous les genres. Dans *Défense et Illustration de la langue française* (1549), Du Bellay invite les lettrés à écrire en français et affirme que cette langue est capable de tout exprimer. Pour cela, il faut donc enrichir le lexique en réintroduisant des mots anciens, en utilisant le langage des métiers, en empruntant aux dialectes provinciaux, en créant des mots dérivés du grec et du latin. Le style et la forme (versification, genres) doivent aussi être travaillés, les écrivains anciens traduits et imités. L'œuvre poétique de Du Bellay, lyrique et mélancolique, parfois satirique, témoigne de la diversité de son talent : *Regrets, Antiquités de Rome* (1558). Ronsard, le « Prince des poètes », offre à la poésie ses plus beaux sonnets d'amour où l'épicurisme se teinte de la nostalgie du temps qui passe.

Le baroque traduit l'angoisse d'un monde instable qui conduit les poètes (Philippe Desportes, Guillaume du Bartas, Agrippa d'Aubigné) à puiser dans les possibilités du langage et à utiliser toute la variété des figures de style pour essayer de saisir ce qui se dérobe.

■ Les récits

Pantagruel (1532), *Gargantua* (1534) donnent l'ampleur du génie contestataire de Rabelais. Les emprunts aux écrits populaires, la verve truculente, l'exagération comique ne masquent pas le projet de l'auteur : combattre l'obscurantisme et promouvoir l'idéal humaniste.

À l'ombre de Rabelais, le récit court s'impose. L'*Heptaméron* (1559), de Marguerite de Navarre, sœur de François 1ᵉʳ, est un ensemble d'histoires emboîtées, inspiré du *Decameron* de Boccace.

■ Les essais

L'*Institution de la religion chrétienne* de Calvin, traduite du latin en français (1559) par l'auteur, est un manifeste en faveur de la Réforme.

Dans ses *Essais,* œuvre inclassable, Montaigne interroge, avec une grande liberté d'esprit, l'humaine condition. « Je suis moi-même la matière de mon livre » écrit-il. L'auteur ne propose pas de dogmes fermés, pas de théories arrêtées, mais suggère une attitude face à la vie : stoïque (« Le savoir mourir nous affranchit de toute sujétion et contrainte »), sceptique (« Que sais-je ? »), épicurienne (« Pour moi donc, j'aime la vie. »)

Gargantua

Le jeune géant Gargantua, fils de Grangousier, a gagné la guerre contre le roi Picrochole, avec l'aide du moine Jean. Il décide de le récompenser en lui offrant de financer « une abbaye à son idée » : l'abbaye de Thélème. Le moine demande que son abbaye soit le contraire de toutes les autres.

CHAPITRE 57

Comment était réglé le mode de vie des Thélémites

Toute leur vie était gouvernée non par des lois, des statuts ou des règles, mais selon leur volonté et leur libre arbitre. Ils se levaient du lit quand bon leur semblait, buvaient, mangeaient, travaillaient, dormaient quand le désir leur en venait ; personne ne les éveillait, personne ne les forçait à boire, à manger, ou à faire quoi que ce soit. Ainsi en 5 avait décidé Gargantua. Et leur règle se limitait à cette clause :

FAIS CE QUE TU VOUDRAS,

parce que les gens libres, bien nés, bien éduqués, conversant en bonne compagnie, ont naturellement un instinct et un aiguillon qu'ils appellent honneur, qui les pousse à agir vertueusement et à fuir le vice. Lorsqu'ils 10 sont affaiblis et asservis par une vile sujétion et une contrainte, ils utilisent ce noble penchant, par lequel ils aspiraient à la vertu, pour se défaire du joug de la servitude : car nous entreprenons toujours ce qui est défendu et convoitons ce qui nous est refusé.

Rabelais, *Gargantua*, 1534, version modernisée.

François Rabelais

(Chinon, 1483 ou 1484 – Paris, 1553) Il apprend le latin, le grec et l'hébreu. D'abord moine, il quitte cette fonction, étudie la médecine à Montpellier puis est nommé médecin à Lyon (1531). Secrétaire et médecin du cardinal du Bellay, oncle du poète, il l'accompagne en Italie de 1535 à 1536. Son œuvre, écrite en français et non en latin, est divisée en cinq livres ; c'est le récit des aventures de deux géants, père et fils ; *Pantagruel,* (1532), *Gargantua* (1534), sont condamnés par la Sorbonne pour obscénité. Suivent le *Tiers Livre* (1546), le *Quart Livre* (1547-1552) et le *Cinquiesme Livre* édité en 1564, après sa mort. Cette « épopée » est un hymne à la connaissance, la liberté, l'éducation et aux plaisirs de la vie terrestre, symbolisés par la profusion de nourritures et l'énormité du rire. Rabelais est un humaniste chrétien, proche d'Érasme, qui veut réformer l'église en revenant au texte original de la Bible. Ronsard, Chateaubriand, Hugo, Flaubert rendront hommage à sa langue truculente.

Pour mieux comprendre

une abbaye : monastère où vivent des religieux.

Thélème : dérivé d'un nom grec signifiant « désir ».

les Thélémites : les habitants de l'abbaye de Thélème.

une loi, un statut, une règle : un ensemble de codes d'obéissance.

leur libre arbitre : leur libre volonté.

une clause : règle particulière.

bien né : qui est noble.

un aiguillon : un stimulant, un excitant en relation avec un instinct.

asservi par une vile sujétion : dominé par une dépendance indigne.

un noble penchant : une belle qualité, le contraire d'un défaut, du vice.

se défaire du joug de la servitude : se libérer de l'oppression, l'esclavage, la domination.

convoitons : v. *convoiter*, désirer avec force, envier.

Découverte

1 Lisez le titre de l'œuvre. À l'aide du chapeau, dites qui sont Gargantua et Jean. Qu'ont-ils fait ?

2 Pourquoi Gargantua offre-t-il une abbaye à Jean ? Que demande précisément Jean ?

3 Observez rapidement le texte et repérez la partie en majuscules. Quel lien faites-vous avec l'origine du mot « Thélème » ? (Regardez dans *Pour mieux comprendre*).

4 Imaginez la vie dans cette abbaye.

Exploration

1 Lisez le texte. Qui sont les Thélémites ? Présentez-les. Quel est le sujet du texte ?

....

....

2 Dans la première phrase, notez le mot qui annonce une opposition et les mots qui s'opposent.

....

....

3 Premier paragraphe, quelle est la vie des Thélémites ? Quels procédés stylistiques Rabelais utilise-t-il pour décrire cette vie ?

....

....

4 Pourquoi Rabelais a-t-il choisi d'écrire en majuscules la règle de vie des Thélémites ?

....

....

5 Deuxième paragraphe : selon les idées humanistes de Rabelais, qu'est-ce que « les gens libres, bien nés, bien éduqués, conversant… » ont-ils « naturellement » ? D'après vous, à quoi Rabelais s'oppose-t-il ?

....

....

....

6 Soulignez tous les mots qui expriment le manque de liberté. Reformulez la phrase « Car nous… » jusqu'à « …ce qui nous est refusé » en commençant par : « Lorsque nous sommes privés de liberté… » Qu'en pensez-vous ?

....

....

7 À vous de créer votre propre lieu utopique avec ses règles de vie. Présentez-le.

....

....

Ode à Cassandre

Pierre de Ronsard

(Château de la Possonnière, Vendômois, 1524 – Prieuré Saint-Cosme-lez-Tours, 1585) Il devient page à la cour du dauphin, fils de François Iᵉʳ, voyage en Écosse, en Angleterre, en Flandre. En 1540, il séjourne chez son cousin, Lazare de Baïf, ambassadeur, érudit, humaniste, et développe son goût pour les lettres antiques. À Paris, il fréquente le Collège de Coqueret où il suit les cours de l'helléniste Dorat; avec Du Bellay et quelques autres, il formera le groupe de la Pléiade. *Les Amours* paraissent en 1552, sonnets célébrant Cassandre Salviati, fille d'un banquier florentin. Ronsard ne cessera, tout au long de sa vie, de compléter ce recueil : *La continuation des Amours* (1555), où il chante Marie, puis *La nouvelle continuation des Amours* (1556), les *Sonnets pour Hélène* (1578)... Sacré « Prince des poètes », il devient poète officiel sous Charles IX (1560). Symbole de la Renaissance, sa poésie, grave et émouvante, invite à profiter du temps présent, de la beauté et de l'amour, dans une virtuose perfection artistique.

Mignonne, allons voir si la rose
Qui ce matin avait déclose
Sa robe de pourpre au soleil,
A point perdu cette vesprée
Les plis de sa robe pourprée,
Et son teint au vôtre pareil.   5

Las ! voyez comme en peu d'espace,
Mignonne, elle a dessus la place,
Las, las, ses beautés laissé choir !
Ô vraiment marâtre Nature,
Puisqu'une telle fleur ne dure   10
Que du matin jusques au soir !

Donc, si vous me croyez, mignonne,
Tandis que votre âge fleuronne
En sa plus verte nouveauté,   15
Cueillez, cueillez votre jeunesse :
Comme à cette fleur, la vieillesse
Fera ternir votre beauté.

Pierre de Ronsard, deuxième édition des *Amours*, 1553.

Pour mieux comprendre

mignonne : la fille que l'on aime, jeune et belle ; la bien-aimée (sens du XVIᵉ siècle) ; en français moderne : charmante, gracieuse, jolie.

déclose : qui est ouverte, épanouie.

pourpre : rouge foncé, presque violet. Adj : *pourpré(e)*.

en peu d'espace : en peu de temps.

cette vesprée : ce soir, cette soirée.

le teint : la couleur du visage; la carnation.

choir : tomber.

Ô : sert à interpeller, invoquer (s'adresser à) quelqu'un ou quelque chose.

las ! : hélas !, malheureusement.

marâtre : mauvaise.

jusques : au XIVᵉ siècle, « jusque » pouvait s'écrire « jusques ». Le « s » est utilisé pour parvenir au nombre voulu de pieds dans le vers.

fleuronne : v. *fleuronner* (ne s'emploie plus en français moderne) : se couvrir de fleurs, fleurir.

ternir : rendre terne, flétrir, atténuer l'éclat, la beauté.

Découverte

1 De quel recueil ce poème est-il extrait, pour qui est-il écrit et quelle est sa composition ?

2 Relevez les deux premiers mots et les deux derniers qui portent les rimes. Quel mot s'oppose aux autres ? Selon, vous, quels peuvent être les thèmes du poème ?

3 Qu'évoque pour vous la rose ? Dans votre culture, à quels symboles est-elle rattachée ?

4 Repérez le premier mot de chaque strophe : que pouvez-vous en déduire ?

5 Lisez tout le texte. Quel drame est mis en scène ?

Exploration

1 La première strophe : repérez les indices de temps. Que représentent-ils ? À quoi se rapportent-ils ?

....

....

2 Comment Ronsard parle-t-il de la rose au matin ? (Repérez les images, les couleurs, les répétitions).

....

....

3 Vers 6 : quel compliment Ronsard fait-il à sa bien-aimée ? Comment l'appréciez-vous ?

....

....

....

4 Deuxième strophe : qu'est-il arrivé à la rose ? (Retrouvez le vers précis). Quel reproche, quelle plainte, Ronsard adresse-t-il à la nature ? (Regardez comment ce mot est écrit).

....

....

5 Troisième strophe, quatrième vers : quel conseil Ronsard donne-t-il à la jeune fille ? Comment le comprenez-vous ? Qu'en pensez-vous ?

....

....

6 Dans cette dernière strophe, relevez les mots qui portent les rimes, analysez comment elles s'organisent, ce que suggèrent les associations des sons et des mots. Que pouvez-vous dire de l'art poétique de Ronsard ?

....

....

....

Je vis, je meurs…

VII

Je vis, je meurs ; je me brûle et me noie ;
J'ai chaud extrême en endurant froidure :
La vie m'est et trop molle et trop dure.
J'ai grands ennuis entremêlés de joie.

Tout à coup je ris et je larmoie,   5
Et en plaisir maint grief tourment j'endure ;
Mon bien s'en va, et jamais il ne dure :
Tout en un coup je sèche et je verdoie.

Ainsi Amour inconstamment me mène ;
Et quand je pense avoir plus de douleur,   10
Sans y penser je me trouve hors de peine.

Puis, quand je crois ma joie être certaine,
Et être au haut de mon désiré heur,
Il me remet en mon premier malheur.

Louise Labé, *Sonnets*, 1555 ; version modernisée, Paris, Garnier-Flammarion, 1965.

Louise Labé

(Lyon, vers 1526 – Parcieux en Dombes, 1566) Elle passe son enfance à Lyon, ville connue pour son rayonnement intellectuel, marquée par la Renaissance italienne, foyer de l'humanisme, capitale de la poésie française. Fille et épouse de riches cordiers, elle est appelée *la belle cordière*. Femme cultivée, sachant la musique, le latin, l'italien, l'espagnol, elle préside un salon littéraire et compose trois *Élégies* et vingt-quatre *Sonnets* (1554), poèmes dans lesquels la rigueur formelle exprime la contradiction des sentiments : la joie de vivre et le malheur d'aimer. Elle revendique l'indépendance, le droit de penser, la liberté de parole amoureuse et l'éducation pour les femmes. Très réputée et appréciée de son temps, sa maison était le lieu de rendez-vous d'une société distinguée et lettrée : l'école lyonnaise (Maurice Scève, Charles Fontaine…). Rilke traduira ses poèmes.

Pour mieux comprendre

noie : v. *se noyer*, mourir dans l'eau.
extrême : excessivement.
en endurant : v. *endurer*, en supportant.
entremêlé : ce qui est mélangé à autre chose.
larmoie : v. *larmoyer*, pleurer.

maint plaisir : beaucoup de plaisir.
grief : qui est grave.
un tourment : une grande souffrance physique ou morale.
inconstamment : qui est instable.
mon désiré heur : mon bonheur souhaité.

Découverte

1 Observez la composition du poème. Que remarquez-vous ?

2 Lisez le vers 1. Qui parle ? De quoi est-il question ?

3 Soulignez les trois derniers mots du vers 14. Selon vous, quel peut être le sujet de ce poème ?

4 Lisez tout le poème. Quelles impressions s'en dégagent ? Justifiez votre réponse.

Exploration

1 Vers 1 : par quels procédés stylistiques la poétesse évoque-t-elle ce qu'elle ressent (vocabulaire, ponctuation, rythme et répétitions) ? Qu'en déduisez-vous ?

....

....

....

2 Dans les deux quatrains, regroupez les mots qui se rapportent à la vie et ceux qui se rapportent à la mort. Comment sont-ils présentés dans le poème ?

....

....

....

3 Vers 9 : cherchez la cause de la souffrance de Louise Labé. Comment comprenez-vous « Ainsi » ?

....

....

....

4 Quel adverbe exprime l'instabilité de l'amour ? Comment interprétez-vous la majuscule de « Amour » ?

....

....

....

5 Dernier vers : quel mot remplace le pronom personnel « il » ? Aidez-vous des deux tercets.

....

....

6 Que se passe-t-il pour la poétesse quand elle pense « avoir plus de douleur », et quand elle croit « sa joie être certaine » ? Y a -t-il eu un changement par rapport au début du poème ? Justifiez votre réponse.

....

....

Ceux qui
sont amoureux…

II

Ceux qui sont amoureux, leurs amours chanteront,
Ceux qui aiment l'honneur chanteront de la gloire,
Ceux qui sont près du Roi publieront sa victoire,
Ceux qui sont courtisans leurs faveurs vanteront.

Ceux qui aiment les arts, les sciences diront,   5
Ceux qui sont vertueux pour tels se feront croire,
Ceux qui aiment le vin deviseront de boire,
Ceux qui sont de loisir de fables écriront.

Ceux qui sont médisants se plairont à médire,
Ceux qui sont moins fâcheux diront des mots pour rire,   10
Ceux qui sont plus vaillants vanteront leur valeur.

Ceux qui se plaisent trop chanteront leur louange,
Ceux qui veulent flatter feront d'un diable un ange.
Moi qui suis malheureux je plaindrai mon malheur.

Joachim du Bellay, *Regrets*, 1558, version modernisée,
Paris, Garnier-Flammarion, 1965.

Joachim du Bellay

(Château de la Turmelière, Liré, 1522 – Paris, 1560) Enfant d'une famille célèbre, il complète ses études à Paris, au Collège de Coqueret, où il rejoint Ronsard. Ils fondent le groupe de la Pléiade. Du Bellay compose les sonnets de L'*Olive*, influencés par Pétrarque (poète italien), et publie le manifeste de la *Défense et Illustration de la Langue Française* (1549*),* où il demande aux lettrés d'écrire en français plutôt qu'en latin. En 1552, le poème *La complainte du désespéré* évoque ses souffrances physiques. Il devient secrétaire de son oncle, qu'il accompagne à Rome. Rapidement, le dégoût de son travail, des mœurs romaines et la nostalgie de la France lui font oublier la beauté des paysages et des vestiges de l'Antiquité. En 1558, paraissent ses chefs-d'œuvre : les *Antiquités de Rome*, les *Regrets,* les *Jeux rustiques*. Sa poésie traduit sa mélancolie et donne à sa souffrance un caractère universel en l'inscrivant dans des formes reconnues comme le sonnet.

Pour mieux comprendre

publieront : v. *publier*, rendre célèbre.
un courtisan : une personne qui fréquente la cour du roi.
une faveur : ici, une distinction.
vanteront : v. *vanter*, se glorifier, tirer vanité de soi-même.
vertueux : qui a des qualités morales.
médisant : v. *médire*, dire du mal de quelqu'un.

fâcheux : qui est déplaisant, difficile, qui ne rit pas.
vaillant : courageux.
une louange : un compliment.
flatter : dire des paroles gentilles pour obtenir ce que l'on veut.

Découverte

1 Observez la forme du poème et dites ce que vous voyez.

2 Que vous inspire le titre du recueil dont est extrait ce poème ?

3 Lisez le poème. Les personnes évoquées ont-elles un lien avec le titre du recueil ? Donnez quelques exemples.

4 Quelle est la particularité du dernier vers ? Qu'exprime-t-il ?

Exploration

1 Relevez les verbes de chaque vers. Que remarquez-vous et qu'en déduisez-vous ?

....

....

....

2 Dans la première strophe, comptez le nombre de syllabes. Chaque vers est composé de deux parties égales. Délimitez chacune d'elle. Quel est le rythme recherché ?

....

....

3 Que constatez-vous sur la composition des strophes suivantes par rapport à celle de la première ?

....

4 Certaines personnes dont parle du Bellay ont des points communs. Lesquels ?

....

....

5 Au dernier vers, le poète exprime sa souffrance. Quels procédés poétiques utilise-t-il (vocabulaire, sonorités) ?

....

....

....

6 À la manière de du Bellay, composez des vers sur « ceux qui » vous plaisent et vous déplaisent et terminez par « moi qui... ».

....

....

....

Essais

Michel de Montaigne

(Château de Montaigne, Périgord, 1533-1592) Fils d'un riche négociant anobli adepte des idées de la Renaissance, il a le latin pour langue maternelle. Il étudie le droit et la philosophie et siège au Parlement de Bordeaux où il rencontre La Boétie auquel l'attache une profonde amitié. Il lit Plutarque, Sénèque, Platon, Lucrèce, Virgile… et commence la rédaction des *Essais* vers 1572. Les deux premiers livres paraissent en 1580. À partir de 1578, une maladie incurable le fait terriblement souffrir. Il voyage en France, en Allemagne, en Italie. Élu maire de Bordeaux (1581), il continue à participer aux affaires du royaume, a la confiance d'Henri III, reçoit chez lui Henri de Navarre, le futur roi Henri IV. Il consacre les dernières années de sa vie à enrichir les *Essais* dont l'édition de 1588 comporte le troisième livre. C'est une œuvre unique dans la littérature française, constituée de séries d'expériences, de réflexions, de jugements. Le projet de Montaigne était de se peindre lui-même comme témoin de « l'humaine condition ».

Montaigne présente la conquête du Nouveau Monde au XVᵉ siècle.

En côtoyant la mer à la quête de leurs mines, aucuns Espagnols prirent terre en une contrée fertile et plaisante, fort habitée, et firent à ce peuple leurs remontrances accoutumées : « Qu'ils étaient gens paisibles, venant de lointains voyages, envoyés de la part du roi de Castille, le plus grand prince de la terre ⁵ habitable, auquel le pape, représentant Dieu en terre, avait donné la principauté de toutes les Indes ; que, s'ils voulaient lui être tributaires, ils seraient très bénignement traités ; leur demandaient des vivres pour leur nourriture et de l'or pour le besoin de quelque médecine ; leur remontraient au demeurant la créance d'un seul ¹⁰ Dieu et la vérité de notre religion, laquelle ils leur conseillaient d'accepter, y ajoutant quelques menaces. »

La réponse fut telle : « Que, quant à être paisibles, ils n'en portaient pas la mine, s'ils l'étaient ; quant à leur roi, puisqu'il demandait, il devait être indigent et nécessiteux ; et celui qui lui en avait fait cette ¹⁵ distribution, homme aimant dissension, d'aller donner à un tiers chose qui n'était pas la sienne, pour le mettre en débat contre les anciens possesseurs ; quant aux vivres, qu'ils leur en fourniraient ; d'or, ils en avaient peu, et que c'était chose qu'ils mettaient en nulle estime, d'autant qu'elle était inutile au service de leur vie, là où tout leur soin ²⁰ regardait seulement à la passer heureusement et plaisamment ». (…)

Montaigne, *Essais*, livre III, Chapitre VI, 1588, version modernisée.

Pour mieux comprendre

en côtoyant : en longeant les côtes, en naviguant près d'elles.

à la quête : à la conquête, pour prendre les mines, les ressources en or.

aucuns : des.

prirent terre : v. *prendre* (passé simple), accoster, débarquer, mettre pied à terre.

fertile : riche, où tout pousse.

leurs remontrances accoutumées : les remarques, les explications habituelles.

le roi de Castille : Ferdinand II d'Aragon (1452-1516) ; marié à Isabelle de Castille, souverains d'Espagne. Ils ont financé les expéditions de Christophe Colomb, qui voulait découvrir « les Indes », (en fait les Caraïbes et les Amériques).

avait donné la principauté : le pape a nommé le roi prince de ces terres.

lui être tributaires : payer le roi en marchandises (ici, en or) et lui rendre hommage.

bénignement : bien, avec bienveillance, gentillesse.

une médecine : un médicament.

remontraient : expliquaient.

la créance : la croyance.

ils n'en portaient pas mine : ils n'en avaient pas l'air, ils ne semblaient pas.

indigent : synonyme de *nécessiteux* (qui est très pauvre).

la dissension : opposition violente, désaccord.

mettre en débat : contester, remettre en cause.

Découverte

1 En vous aidant de la biographie de Montaigne, faites des hypothèses sur le type de texte proposé.

2 Lisez la première ligne. Quels sont les personnes en présence ? Comment est qualifiée la terre sur laquelle elles se trouvent ? À qui appartient-elle ?

3 Lisez tout le texte. De quel roi et de quel personnage religieux est-il question dans la première partie ?

4 Le premier paragraphe est consacré aux paroles de présentation des Espagnols, le second, aux réponses de « ce peuple », les Indiens. Selon vous, quelle est l'intention de Montaigne en choisissant cette présentation ?

5 Revenez à la première phrase : que recherchent les Espagnols ?

Exploration

1 Premier paragraphe : les Espagnols se présentent et disent d'eux-mêmes : « qu'ils étaient des gens paisibles ». Retrouvez la réponse des Indiens à ces paroles et transformez-la en français moderne. (Aidez-vous de *Pour mieux comprendre*). Pourquoi répondent-ils ainsi ? Que veut montrer Montaigne ?

....

....

2 Comment les Espagnols parlent-ils de leur roi et du pape ? Qu'a fait le pape par rapport aux Indes ? Comment jugez-vous ce qu'il a fait ?

....

....

3 Que répliquent les Indiens au sujet du roi ? Comment comprenez-vous leur réponse ?

....

4 Les Indiens pensent que le pape, qui a donné leurs terres au roi (« lui en avait fait distribution »), aime le conflit (« aimant dissension »). Qu'est-ce qui les choque dans cette attitude ?

....

5 Relisez à partir de « quant aux vivres » jusqu'à la fin du passage. Quelle est la réponse des Indiens aux deux demandes des Espagnols ? Quelle est leur conception de la vie ?

....

6 Qu'est-ce que Montaigne a voulu montrer en opposant deux visions différentes du monde ? Justifiez votre réponse en vous appuyant sur le texte.

....

....

....

Le XVIIᵉ siècle

Le XVIIᵉ siècle connaît une grande instabilité politique. Après l'assassinat d'Henri IV (1610), son épouse, Marie de Médicis, règne sur le royaume. Louis XIII accède au pouvoir en 1617 et nomme le cardinal Richelieu comme conseiller, qui renforce l'autorité royale. En 1661, Louis XIV, le « Roi-Soleil », monte sur le trône. Sous son règne, la France deviendra le pays le plus puissant d'Europe. C'est le triomphe de la monarchie absolue.

LES COURANTS

Trois courants traversent cette période : le baroque, la préciosité et le classicisme.

Le Baroque (en portugais, *barroco* signifie « perle irrégulière ») vient d'Italie et s'épanouit en Europe. Son esthétique repose sur le mouvement, l'illusion, les métamorphoses. Pour la littérature, *Les Tragiques* d'Agrippa d'Aubigné (1616) sont emblématiques de ce mouvement : s'y développe une vision tragique et fataliste de la vie et de la mort. Les œuvres baroques sont marquées par un style orné, une langue où dominent les figures de style, notamment la métaphore. La dimension burlesque, inspirée du *Don Quichotte* de Cervantès (traduit en 1614) a également son importance : on la retrouve dans les premières pièces de Corneille (*L'illusion comique,*1636, *Mélite*, 1629), ainsi que *Le Roman comique* (1651-1655) de Paul Scarron et l'*Histoire comique de Francion* (1623) de Charles Sorel. La poésie de Tristan l'Hermite (*Les Amours de Tristan*, 1638) et de Théophile de Viau, opposée à celle, plus rigoureuse, de Malherbe, se tourne vers la nature pour chanter la plainte amoureuse, laisser s'exprimer la sensibilité.

La Préciosité s'épanouit dans les salons de la bourgeoisie (l'hôtel de la marquise de Rambouillet), en réaction à la grossièreté des mœurs. Elle se distingue par le raffinement du langage et la délicatesse dans l'expression des sentiments. Les femmes revendiquent leur indépendance, une liberté dans leur relation amoureuse, défendent la décence. *L'Astrée* (1607-1627) d'Honoré d'Urfé, *Le grand Cyrus* (1649-1653), *Clélie* avec la « carte du tendre » (1554-1660) de Mademoiselle de Scudéry, sont représentatifs de ce courant. *La Princesse de Clèves* (1678) de Madame de La Fayette, oscille entre préciosité et rigueur classique.

Le Classicisme repose sur la rigueur, la raison et le respect des textes antiques. L'observation des règles, reflet de la raison, touche aussi la langue française : dans *Remarques sur la langue française* (1647), le grammairien Vaugelas, de l'Académie française, impose comme référence la langue parlée à la cour : ce sera désormais le bon usage. L'*Art poétique* (1674) de Boileau, les *Dictionnaires* de Richelet (1680), de Furetière (1690) et de l'Académie (1694) participent à l'élaboration des règles du français pour le porter à sa perfection.

LES GENRES LITTÉRAIRES

Le théâtre

Le XVIIe siècle représente l'âge d'or du théâtre. Les maîtres de la tragédie, Corneille (*Horace*, 1640 ; *Cinna*, 1641) et Racine (*Andromaque*, 1667 ; *Phèdre*, 1677) observent la règle des trois unités (temps, lieu et action), symboles de la rigueur classique. La grandeur, la vertu des héros cornéliens surmontent les conflits alors que le tragique déchire les héros raciniens, dont la seule issue reste souvent la mort. Maître de la comédie, Molière s'inspire des comiques latins (Plaute), de la *Commedia dell'arte* italienne, de la tradition de la farce pour mettre en scène des faits sociaux : l'éducation des femmes (*L'école des femmes*, 1662), les excès ridicules de la préciosité (*Les précieuses ridicules*, 1659), les défauts (*L'Avare*, 1668). Ses personnages doivent divertir et faire réfléchir. L'art a une visée morale : éduquer et distraire.

Les écrits moralistes

• Les fables : celles de La Fontaine présentent des animaux ou des types sociaux pour illustrer les travers de son temps, et les *Contes* de Perrault, de tradition orale, offrent plusieurs niveaux de lecture. La dimension morale y tient un grand rôle.

• La correspondance : les *Lettres* (publiées en 1726) de Madame de Sévigné décrivent la société de son époque et les mœurs de la cour.

• La maxime : dans une écriture condensée, La Rochefoucauld (*Maximes*, 1665*)*, pointe les défauts de l'être humain tandis que La Bruyère (*Les Caractères*, 1688) peint avec concision des portraits moraux qui relèvent de l'archétype.

Les écrits philosophiques

Le *Discours de la méthode* (1637) de Descartes s'appuie sur une démarche basée sur la raison. C'est la pensée qui assure l'homme de son existence : « Cogito, ergo sum (Je pense, donc je suis) ». Pour Pascal, philosophe, mathématicien (les *Provinciales*, 1656, les *Pensées*, 1670), la grâce est donnée par Dieu ; se pose alors le problème de la liberté humaine.

Vers la fin du siècle, le libertinage, courant érudit, prône la liberté de pensée qui ouvre la voie à l'athéisme. À l'idéal de l'honnête homme succède celui du philosophe au XVIIIe siècle.

Le Cid

Pierre Corneille

(Rouen, 1606 – Paris, 1684)
Il est né dans une famille bourgeoise de six enfants. Son père est avocat, il sera lui-même avocat du roi jusqu'en 1650. Parallèlement, de 1629 à 1636, il écrit des comédies qui le font remarquer du Cardinal Richelieu, qui deviendra son protecteur. En 1637, c'est enfin le triomphe avec *Le Cid*, suivi d'une querelle pour non respect de la règle théâtrale des trois unités (lieu, temps, action). La troupe de Molière représente plusieurs de ses pièces. *Le Cid* est suivi de trois tragédies romaines : *Horace* (1641), *Cinna* (1642), *Polyeucte* (1643) où il se conformera à la règle des trois unités. En 1647, il entre à l'Académie française, mais plusieurs échecs et la concurrence du jeune Racine l'éloignent de la scène. Modèle du classicisme, Corneille laisse une œuvre immense qui aborde tous les genres : comédie, tragédie, drame romantique, féerie, ballet. Il reste l'un des plus grands dramaturges et versificateurs français. « Une situation cornélienne » symbolise la déchirure des héros entre honneur et passion.

Au Moyen Âge, à la cour d'Espagne. Don Rodrigue et Chimène, quinze ans à peine chacun, s'aiment et sont promis au mariage. Mais Rodrigue vient de tuer en duel le père de Chimène afin de venger l'honneur familial. Bouleversé, il arrive, l'épée à la main, chez Chimène… Sa gouvernante Elvire est témoin de la scène.

SCÈNE 4.
DON RODRIGUE, CHIMÈNE, ELVIRE.

(…)

CHIMÈNE
Va, laisse-moi mourir.

DON RODRIGUE
Quatre mots seulement :
Après, ne me réponds qu'avecque cette épée.

CHIMÈNE
Quoi ! du sang de mon père encor toute trempée !

DON RODRIGUE
Ma Chimène…

CHIMÈNE
Ôte-moi cet objet odieux,
Qui reproche ton crime et ta vie à mes yeux.   860

DON RODRIGUE
Regarde-le plutôt pour exciter ta haine,
Pour croître ta colère et pour hâter ma peine.

CHIMÈNE
Il est teint de mon sang.

DON RODRIGUE
Plonge-le dans le mien,
Et fais-lui perdre ainsi la teinture du tien.

CHIMÈNE
Ah ! quelle cruauté, qui tout en un jour tue   865
Le père par le fer, la fille par la vue !
Ôte-moi cet objet, je ne le puis souffrir :
Tu veux que je t'écoute, et tu me fais mourir !
(…)

Corneille, *Le Cid*, tragi-comédie en cinq actes en vers, acte III,
présentée à Paris en 1637.

Pour mieux comprendre

le Cid : du mot arabe *Sidi*, seigneur.
avecque : forme ancienne de *avec*.
une épée : arme en forme de couteau très long.
trempé(e) : taché(e) de sang.
ôter : enlever.
odieux : détestable.
la haine : sentiment d'horreur et de colère.

croître : augmenter.
hâter ma peine : presser, accélérer mon châtiment, ma punition.
une teinture : une couleur, adj. : *teint*.
une cruauté : inhumanité, barbarie.
tout en un jour : en un seul jour.
je ne puis le souffrir : je ne peux pas le supporter.
et : pourtant.

Découverte

1 Lisez le chapeau. Présentez l'époque, le lieu et le couple.

2 Quel conflit moral Corneille fait-il vivre à ses personnages ?

3 Lisez la première réplique de Chimène et ses derniers mots. Imaginez ce que peut lui dire Rodrigue.

Exploration

1 Lisez l'extrait. À l'aide de la première réplique de Rodrigue, présentez ce que le jeune homme dit effectivement à Chimène.

....

....

2 Au vers 859, quel sentiment traduit l'adjectif possessif de la part de Rodrigue ?

....

3 Dans les répliques de Chimène, soulignez tous les mots (noms et pronoms) qui remplacent l'épée. Que symbolise cette arme pour la jeune fille ?

....

....

4 À la réplique de Rodrigue : « Plonge-le… » jusqu'à « …du tien », comment comprenez-vous le mot « teinture » ? Interprétez l'ordre du jeune homme.

....

....

5 Aux vers 861-862, de quelle manière Corneille montre-t-il la demande ferme et obstinée de Rodrigue ?

....

....

6 Dans la dernière réplique, analysez le style de Corneille (rimes et syllabes). Reliez les mots avant les virgules aux derniers de chaque vers. Avec ces huit mots, reconstituez le drame que vivent Rodrigue et Chimène.

....

....

....

7 Cette pièce est une tragi-comédie. Imaginez quels événements peuvent faire basculer cette pièce de la tragédie à la comédie.

....

....

L'Avare

Molière

(Jean-Baptiste Poquelin, Paris, 1622-1673) Né dans la bourgeoisie marchande parisienne, il étudie au collège des Jésuites, puis part à Orléans suivre des cours de droit. À vingt et un ans, il rencontre Madeleine Béjart avec laquelle il fonde l'*Illustre Théâtre* (1644). La troupe parcourt la France et survit difficilement. En 1658, Molière revient à Paris, joue des farces qui séduisent le roi Louis XIV. Ses comédies : *L'école des maris* (1661), *L'école des femmes* (1662), *L'Avare* (1668) lui assurent le succès. Mais *Tartuffe* (1664), qui met en scène l'hypocrisie de certains croyants et *Dom Juan* (1668), qui présente un libre penseur défiant Dieu, sont interdits. À la fin de sa vie, il connaît la solitude, la maladie ; il meurt lors de la première représentation du *Malade imaginaire*. L'Église lui refuse des funérailles religieuses. Molière reste très contemporain. Il a caricaturé les vices de son époque en leur donnant une dimension universelle. Les troupes actuelles continuent à le jouer avec grand succès.

Harpagon est un vieil avare. Il a caché sa cassette (son trésor) dans son jardin. Il va la chercher et…

HARPAGON

(Il crie au voleur dès le jardin, et vient sans chapeau.)

Au voleur ! au voleur ! à l'assassin ! au meurtrier ! Justice, juste Ciel ! Je suis perdu, je suis assassiné ! on m'a coupé la gorge, on m'a dérobé mon argent. Qui peut-ce être ? Qu'est-il devenu ? Où est-il ? Où se cache-t-il ? Que ferai-je pour le trouver ? Où courir ? Où ne pas courir ? N'est-il point là ? N'est-il point ici ? Qui est-ce ? 5 Arrête. Rends-moi mon argent, coquin… *(Il se prend lui-même le bras.)* Ah ! c'est moi. Mon esprit est troublé, et j'ignore où je suis, qui je suis, et ce que je fais. Hélas ! mon pauvre argent, mon pauvre argent, mon cher ami, on m'a privé de toi ; et puisque tu m'es enlevé, j'ai perdu mon support, ma consolation, ma joie ; tout est fini pour moi, et je n'ai plus 10 que faire au monde : sans toi, il m'est impossible de vivre. C'en est fait, je n'en puis plus ; je me meurs, je suis mort, je suis enterré. N'y a-t-il personne qui veuille me ressusciter en me rendant mon cher argent, ou en m'apprenant qui l'a pris ? (…)

Molière, *L'Avare*, acte IV, scène 7, 1668.

Pour mieux comprendre

un avare : personne qui aime l'argent, l'accumule et refuse de le dépenser ; cupide, avide.

un assassin : personne qui tue, commet un meurtre (un meurtrier).

dérober : voler.

un coquin : personne malhonnête, qui accomplit de mauvaises actions.

être troublé : être perturbé, ne plus savoir ce qu'on fait.

ignorer : ne pas savoir.

hélas : interjection qui exprime la plainte, la douleur.

un support : un soutien.

c'en est fait : c'est fini, il n'y a plus aucun remède.

ressusciter : faire revenir à la vie, revivre.

Découverte

1 Lisez le chapeau : présentez le personnage et la situation.

2 Dans la première didascalie (ce qui est en italique), que signifie l'indication scénique « *vient sans chapeau* » donnée par Molière ?

3 Observez la ponctuation du texte. Que remarquez-vous et qu'en déduisez-vous ?

Exploration

1 Lisez le monologue d'Harpagon : quels sont les groupes de mots le plus souvent répétés ? Analysez-les. Qu'en déduisez-vous par rapport à la personnalité du personnage ?

....

....

2 « Au voleur !... on m'a dérobé mon argent. ». Pourquoi Harpagon crie-t-il ? Que remarquez-vous sur la forme des phrases ? Qu'est-ce que Molière veut signifier ?

....

....

3 « Qui peut-ce être... Qui est-ce ? » : relevez les contradictions qui montrent la confusion d'Harpagon. Quelle est la particularité de ce passage ?

....

....

4 Lisez la didascalie et son entourage (phrases précédentes et suivantes). Que fait Harpagon ? Que pensez-vous de son comportement ? Quel effet recherche Molière ?

....

....

5 « Hélas !... impossible de vivre ». De quelle manière Harpagon s'adresse-t-il à son argent ? Est-ce une façon habituelle de se comporter ? Justifiez votre réponse.

....

....

6 « Je me meurs... enterré ». Analysez la construction de ce passage. Comment l'interprétez-vous ? Quel effet cela produit-il ?

....

....

7 Harpagon est surtout considéré comme un personnage comique. N'a-t-il pas aussi une dimension tragique ? Qu'en pensez-vous ? Justifiez votre opinion.

....

....

Le loup
et l'agneau

La raison du plus fort est toujours la meilleure :
　　Nous l'allons montrer tout à l'heure.

　　Un agneau se désaltérait
　　Dans le courant d'une onde pure.
Un loup survient à jeun, qui cherchait aventure,　　　　5
　　Et que la faim en ces lieux attirait.
« Qui te rend si hardi de troubler mon breuvage ?
　　Dit cet animal plein de rage :
Tu seras châtié de ta témérité.
– Sire, répond l'agneau, que Votre Majesté　　　　10
　　Ne se mette pas en colère ;
　　Mais plutôt qu'elle considère
　　Que je me vas désaltérant
　　　　Dans le courant,
　　Plus de vingt pas au-dessous d'elle ;　　　　15
Et que, par conséquent, en aucune façon,
　　Je ne puis troubler sa boisson.
– Tu la troubles ! reprit cette bête cruelle ;
Et je sais que de moi tu médis l'an passé.
– Comment l'aurais-je fait si je n'étais pas né ?　　　　20
　　Reprit l'agneau ; je tette encor ma mère.
　　　– Si ce n'est toi, c'est donc ton frère.
　　　– Je n'en ai point. - C'est donc quelqu'un des tiens,
　　Car vous ne m'épargnez guère
　　Vous, vos bergers et vos chiens,　　　　25
On me l'a dit ; il faut que je me venge. »
　　Là-dessus, au fond des forêts
　　Le loup l'emporte, et puis le mange,
　　Sans autre forme de procès.

Jean de La Fontaine, *Le loup et l'agneau*, Livre I, Fable 10, 1668.

Jean de La Fontaine

(Château-Thierry, 1621 – Paris, 1695) Il naît dans une famille bourgeoise et passe une jeunesse insouciante. Il est protégé par le surintendant Fouquet, ministre des finances de Louis XIV, pour lequel il écrit. Après la chute de Fouquet (1661), il devient gentilhomme-servant de la duchesse d'Orléans. Ses *Contes*, (1665), imités de l'Arioste et de Boccace, connaissent un grand succès. Ses amis sont Mme de la Fayette, La Rochefoucault, Racine, Molière, Boileau. Le premier recueil des *Fables* paraît en 1668, le second en 1678, le dernier en 1694. Mme de Sévigné les qualifiera de « divines ». Il renouvelle un genre très ancien attribué à Ésope, fabuliste grec, et à Phèdre, conteur latin, que l'on retrouve en Inde et chez des conteurs arabes comme Ibn al-Mouqaffa (714-757). Il entre à l'Académie française en 1684. La Fontaine décrit l'homme et la société en mettant en scène des animaux ou des hommes qu'il traite comme des symboles : le renard, le corbeau, le loup, le seigneur, le vieillard…

Pour mieux comprendre

l'agneau : le petit d'une brebis et d'un mouton.
se désaltérait : v. *se désaltérer*, boire.
une onde pure : l'eau est très claire.
survient : v. *survenir*, arriver sans avoir prévenu.
à jeun : qui n'a pas mangé.
hardi : très courageux mais parfois imprudent, téméraire.
un breuvage : une boisson.

châtié : sévèrement puni.
la témérité : une hardiesse extrême jusqu'à l'imprudence.
médis : passé simple du v. *médire*, dire du mal de quelqu'un.
tette : v. *téter*, boire le lait de sa mère.
épargner : avoir un comportement gentil envers une personne ; respecter.
venger : réclamer justice ; punir quelqu'un qui vous a fait subir une injustice.

Découverte

1 Observez la composition du texte, repérez les guillemets et les tirets; face à quel type de texte êtes-vous? Que signifient les signes de ponctuation relevés?

2 Lisez le titre. Qu'évoquent pour vous ces animaux?

3 Quelles hypothèses pouvez-vous faire au sujet de l'association de ces deux animaux?

4 Lisez les deux premiers vers : reformulez la morale contenue dans le premier; dans quel genre d'écrit trouve-t-on une morale? Qu'annonce le deuxième vers?

Exploration

1 Lisez les vers 3 à 6 : Que font les deux animaux? Quelle est la fonction de ces vers?

....

....

2 Lisez tout le texte et relevez ce que le narrateur dit du loup, et ce qu'il dit de l'agneau. Que constatez-vous? Comment analysez-vous ce que vous constatez?

....

....

3 Vers 7 et 9 : que reproche le loup à l'agneau? Quelle est la réaction immédiate du loup?

....

....

4 Comment le loup s'adresse-t-il à l'agneau? (vers 7, 9, 18, 19, 22). En quels termes l'agneau s'adresse-t-il à lui? (vers 10, 12, 15). Qu'en concluez-vous sur leurs rapports?

....

....

5 Vers 10 à 17, soulignez les articulations du raisonnement de l'agneau : « Que votre Majesté », vers 10; « Mais plutôt qu' », vers 12 : « Et que, par conséquent », vers 16, et présentez ses arguments et objections pour calmer le loup.

....

....

6 Vers 27 à 29 : que se passe-t-il à la fin (au dénouement)? Comment comprenez-vous la dernière phrase? Comment jugez-vous le comportement du loup?

....

....

7 Retrouvez dans votre culture, des histoires, des fables qui mettent en scène des animaux pour éduquer les hommes. Faites des comparaisons avec ce texte.

....

Bérénice

Depuis cinq ans, Titus aime Bérénice, reine de Palestine, qui l'a suivi à Rome. Quand il veut l'épouser, le Sénat s'oppose au mariage avec une reine étrangère. Titus accepte cette décision : il renonce à Bérénice car « il ne s'agit plus de vivre, il faut régner » (IV, 5). Celle-ci lui dit alors :

Jean Racine

(La Ferté-Milon, 1639 – Paris, 1699) Orphelin à quatre ans, élevé par les religieuses à l'abbaye de Port-Royal, puis placé dans un foyer janséniste, il reçoit une solide formation intellectuelle et morale. Il restera marqué par la doctrine janséniste : l'homme est faible, entraîné vers le péché s'il n'est pas secouru par la grâce de Dieu. Il écrit pour le théâtre, pratique scandaleuse pour l'Église. Il connaît une période très féconde entre 1664 et 1677 : *La Thébaïde, Andromaque* (qui est un immense succès), *Britannicus, Bérénice* (qui devient un sujet de querelle avec Corneille), *Bajazet, Iphigénie.* En 1673, il entre à l'Académie française, puis, après l'échec de *Phèdre,* il abandonne le théâtre et devient historiographe du roi Louis XIV. En 1680, il se réconcilie avec Port-Royal, écrit deux pièces bibliques : *Esther* (1689) et *Athalie* (1691). Il est l'un des maîtres de la tragédie française. Sa conception du monde est pessimiste : ses personnages sont déchirés par leur passion qui les conduit vers la destruction.

Hé bien ! régnez, cruel ; contentez votre gloire :
Je ne dispute plus. J'attendais, pour vous croire,
Que cette même bouche, après mille serments
D'un amour qui devait unir tous nos moments,
Cette bouche, à mes yeux s'avouant infidèle,   5
M'ordonnât elle-même une absence éternelle.
Moi-même j'ai voulu vous entendre en ce lieu.
Je n'écoute plus rien, et pour jamais : adieu.
Pour jamais ! Ah ! Seigneur, songez-vous en vous-même
Combien ce mot cruel est affreux quand on aime ?   10
Dans un mois, dans un an, comment souffrirons-nous,
Seigneur, que tant de mers me séparent de vous ?
Que le jour recommence, et que le jour finisse,
Sans que jamais Titus puisse voir Bérénice,
Sans que de tout le jour je puisse voir Titus ?   15
Mais quelle est mon erreur, et que de soins perdus !
L'ingrat, de mon départ consolé par avance,
Daignera-t-il compter les jours de mon absence ?
Ces jours si longs pour moi lui sembleront trop courts.

Jean Racine, *Bérénice*, tragédie en 5 actes : acte IV, scène 5, 1670.

Pour mieux comprendre

contentez : v. *contenter*, satisfaire.

disputer : lutter.

un serment : un engagement solennel comme celui du mariage.

ordonnât : v. *ordonner* (subjonctif imparfait), donner un ordre.

pour jamais : pour toujours.

songez-vous : v. *songer*, prendre conscience, avoir à l'esprit.

affreux : qui est effrayant, épouvantable.

souffrirons : v. *souffrir*, supporter.

des soins : des soucis.

un ingrat : personne qui n'a aucune reconnaissance, qui est sans cœur.

daignera : v. *daigner*, prendre la peine de, consentir à faire quelque chose.

Découverte

1 À l'aide des informations contenues dans le chapeau, présentez la situation et les personnages.

2 Regardez le texte : sous quelle forme Racine présente-t-il la réponse de Bérénice à Titus ? À quoi vous fait penser ce type de présentation ?

3 Repérez les derniers mots de chaque ligne. Que constatez-vous ?

Exploration

1 Lisez le vers 1 : Quelle est la réaction de Bérénice ? Pour qui est mis l'adjectif « cruel » ? Qu'annoncent les deux points ?

2 Lisez l'extrait. Bérénice, reine de Palestine, ne lutte plus, mais ne se soumet pas. Elle met Titus face à sa trahison. Relevez les mots qui signifient la promesse et le mensonge.

3 Vers 8 : notez le mot par lequel Bérénice signifie la rupture à Titus.

4 Vers 9-10 : à quoi se rapporte « ce mot cruel » ? Comment est-il qualifié ? Quel sentiment provoque-t-il chez ceux qui s'aiment ?

5 Vers 11 à 15 : par quels moyens stylistiques Racine développe-t-il ce sentiment ? (Recherchez les sonorités, les répétitions, les parallélismes de construction).

6 Dans tout l'extrait, relevez les mots (adjectifs, pronoms, noms) par lesquels Bérénice s'adresse à Titus. Selon vous, que signifient ces changements ?

7 Quels vers vous ont le plus touchés ?

La Princesse de Clèves

Mme de la Fayette

(Marie-Madeleine de La Vergne, Paris, 1634-1693). Elle passe son enfance dans les salons et reçoit, en même temps que Mme de Sévigné, les leçons de Ménage, écrivain et érudit. Elle fréquente les milieux précieux, dont l'Hôtel de Rambouillet, où l'on discute avec esprit sur l'art, la langue française, le « bon goût ».
À vingt et un ans, elle se marie avec le comte de La Fayette, de dix-huit ans son aîné, qu'elle suit en Auvergne, mais revient vivre à Paris en 1659. Elle devient dame d'honneur et confidente de la duchesse d'Orléans (épouse de Philippe d'Orléans, frère de Louis XIV) et a ses entrées à la cour du roi. Elle est l'amie intime de La Rochefoucault. Femme sensible et cultivée, elle écrit *La Princesse de Montpensier* (1662) puis *Zaïde* et un chef-d'œuvre : *La Princesse de Clèves* (1678), l'histoire d'un amour impossible, qui, bien que relevant encore, par sa composition et son atmosphère, de la technique précieuse, est le premier roman psychologique classique.

Sous le règne d'Henri II (1547-1559), la Princesse de Clèves, 16-17 ans, mariée, assiste à un bal donné au château du Louvre, pour les fiançailles d'une des filles du roi et de Catherine de Médicis.

Mme de Clèves acheva de danser et, pendant qu'elle cherchait des yeux quelqu'un qu'elle avait dessein de prendre, le roi lui cria de prendre celui qui arrivait. Elle se tourna et vit un homme qu'elle crut d'abord ne pouvoir être que M. de Nemours, qui passait par-dessus quelques sièges pour arriver où l'on dansait. Ce 5 prince était fait d'une sorte qu'il était difficile de n'être pas surpris de le voir quand on ne l'avait jamais vu, surtout ce soir-là, où le soin qu'il avait pris à se parer augmentait encore l'air brillant de sa personne ; mais il était difficile aussi de voir Mme de Clèves pour la première fois sans avoir un grand étonnement. 10

M. de Nemours fut tellement surpris de sa beauté que, lorsqu'il fut proche d'elle, et qu'elle lui fit la révérence, il ne put s'empêcher de donner des marques de son admiration. Quand ils commencèrent à danser, il s'éleva dans la salle un murmure de louanges. Le roi et les reines se souvinrent qu'ils ne s'étaient jamais vus, et trouvèrent quelque 15 chose de singulier de les voir danser ensemble sans se connaître. Ils les appelèrent quand ils eurent fini sans leur donner le loisir de parler à personne et leur demandèrent s'ils n'avaient pas bien envie de savoir qui ils étaient, et s'ils ne s'en doutaient point.

Madame de La Fayette, *La Princesse de Clèves*, tome premier ; première partie ; 1678.

Pour mieux comprendre

Les temps des verbes : le passé simple (**acheva** : v. *achever*, terminer ; **cria** : v. *crier* ; **tourna** : v. *tourner* ; **crut** : v. *croire* ; **fut** : v. *être* ; **put** : v. *pouvoir* ; **commencèrent** : v. *commencer* ; **s'éleva** : v. *s'élever*, monter ; **se souvinrent** : v. *se souvenir* ; **trouvèrent** : v. *trouver* ; **appelèrent** : v. *appeler* ; **demandèrent** : v. *demander*) ; le passé antérieur (**eurent fini** : v. *finir* conjugué à l'aide de l'auxiliaire avoir au passé simple).
avait dessein : avait le projet de…
était fait d'une sorte : était fait d'une telle façon, d'une telle manière.

se parer : porter des bijoux et de beaux vêtements.
proche : près.
la révérence : salutation très respectueuse (on s'incline et on plie les genoux).
une louange : l'expression d'une très grande admiration.
singulier : étrange, bizarre ; le passage où se trouve le mot signifie qu'une règle sociale n'a pas été respectée.
se douter : deviner.

Découverte

1 Qu'évoque pour vous le titre de l'œuvre dont est extrait ce texte ?

2 Lisez le chapeau. Repérez l'époque, le lieu, l'action et précisez vos premières impressions sur le personnage principal.

3 Relevez les noms propres à la première ligne de l'extrait et à la première ligne du second paragraphe. Imaginez ce qui va se passer.

Exploration

1 Lisez tout le texte : notez tous les personnages en présence (un groupe n'est pas nommé, mais le contexte permet de le trouver).

....

2 Dans la première phrase, dites ce que font les personnages. Est-ce que Mme de Clèves choisit elle-même son prochain cavalier (danseur) ?

....

....

3 Soulignez la phrase : « Ce prince… personne ». Qui est ce prince ? Mme de Clèves l'a-t-elle déjà vu ? Par quels mots et moyens grammaticaux l'auteure traduit-elle l'effet que produit le prince ?

....

....

4 Dans la description des deux personnages, on retrouve la répétition de « il était difficile ». À votre avis, que veut souligner l'auteure ?

....

....

5 Quelle est la réaction de M. de Nemours lorsqu'il est proche de la princesse, et quelle est celle des gens lorsqu'ils commencent à danser ?

....

....

6 « Le roi et les reines… trouvèrent quelque chose de singulier de les voir danser ensemble sans se connaître ». Quel code social n'a pas été respecté ? Quelles conséquences peut avoir ce non-respect pour la suite de la relation entre les deux personnages ?

....

....

7 Mme de La Fayette « décrit » sans décrire ses personnages : on sait seulement qu'ils sont magnifiques. Vous étiez invité au bal. Vous écrivez à un(e) ami(e) pour lui raconter la rencontre entre la princesse et le prince, en faisant un portrait précis de l'un des personnages.

....

....

Le XVIIIᵉ siècle

Dès 1715 (mort de Louis XIV), la monarchie absolue décline. Sous Louis XV (1723-1774), la France est prospère, mais les réformes de l'État échouent. La crise économique, politique, financière et sociale qui secoue le royaume oblige Louis XVI à convoquer les États généraux (assemblée du clergé, de la noblesse et du tiers état) le 1ᵉʳ mai 1789. Le tiers état se proclame Assemblée nationale : la Révolution commence. Le 14 juillet, la Bastille est prise, la Déclaration des droits de l'homme et du citoyen votée le 26 août. Le 21 janvier 1793, Louis XVI est guillotiné.

La vie culturelle n'est plus à Versailles mais à Paris, dans les clubs, les cafés, les salons philosophiques, où se propagent les idées nouvelles. Les mœurs sont plus libres et l'esprit critique s'exerce sur tous les savoirs. La confiance dans le progrès, la raison et le bonheur, un désir de fraternité universelle, caractérisent l'esprit philosophique. Les récits de voyages en Chine, en Perse, en Amérique favorisent l'ouverture cosmopolite et développent le sens de la relativité des mœurs et des croyances. Dans la seconde moitié du siècle, l'exaltation de la sensibilité annonce le romantisme.

LES LUMIÈRES : UN MONDE ÉCLAIRÉ PAR LA PHILOSOPHIE

Raison, tolérance, humanité : ces trois mots de Condorcet résument l'idéal des philosophes.

Le rationalisme critique mine les fondements de la royauté de droit divin. Dans l'*Esprit des lois* (1748), Montesquieu s'achemine vers une monarchie parlementaire (comme en Angleterre), éclairée et modérée. Pour Voltaire, les hommes « sont naturellement libres et égaux » ; *Les Lettres philosophiques* (1734) défendent le modèle anglais. Si Diderot propose un contrat entre le souverain et le peuple (article *Autorité politique* de l'Encyclopédie), Rousseau, dans le *Contrat social* (1762), va plus loin : il stipule un pacte social librement consenti entre le peuple et un gouvernement qui assurerait l'administration de l'État, c'est-à-dire la démocratie.

La question religieuse préoccupe les philosophes. Tous luttent contre l'intolérance et le fanatisme. Face au déisme de Voltaire, à la « religion naturelle » de Rousseau (*La Profession de foi du Vicaire Savoyard*, 1762), Diderot affirme son athéisme dans *Le rêve de d'Alembert* (1769).

Le respect de la personne humaine, la réflexion sur la liberté et l'affirmation de l'égalité des personnes contribuent à faire abolir l'esclavage par la Convention en 1794.

L'ENCYCLOPÉDIE

Cette œuvre immense (17 volumes) se veut l'inventaire « raisonné » des connaissances, mis à la disposition de tous. De nombreux philosophes y collaborent. Le maître d'œuvre est Diderot ; d'Alembert traite des mathématiques et contrôle la partie scientifique. Combattre les préjugés, faire triompher la raison, assurer par la science la libération et le bonheur de l'homme, seul à pouvoir donner sa signification au monde, telle est l'ambition de l'Encyclopédie.

LES GENRES LITTÉRAIRES

La poésie

Le genre est en crise. Seul André Chénier, influencé par la Grèce, laisse une œuvre où la beauté plastique et la musicalité renouvellent les thèmes épicuriens : *Les Bucoliques* (1785-1787). Sa révolte contre les dérives sanguinaires de la Terreur explose dans les *Iambes*.

Le théâtre

Dans les comédies de mœurs et d'intrigue de Marivaux, *Le Jeu de l'Amour et du Hasard* (1730), *Les Fausses Confidences* (1737), la grande subtilité du langage orchestre les fantaisies de l'amour. Chez Beaumarchais, la satire des institutions sociales, présente dans *Le Barbier de Séville* (1775), se fait plus virulente dans *Le Mariage de Figaro* (1784), où le valet triomphe de son maître à la grande joie du public.

Le roman

Il est en plein essor et traduit l'évolution de la société dont il veut donner une image fidèle. Ce réalisme se retrouve dans l'histoire de *Gil Blas de Santillane* de Lesage (1715-1735), récit picaresque et roman d'éducation, dans la description de la passion fatale de *Manon Lescaut* de l'Abbé Prévost (1731). Le roman épistolaire connaît un succès considérable : Les *Lettres persanes*, (Montesquieu, 1721), satire des mœurs et des institutions, *La Nouvelle Héloïse* (1761), où Rousseau essaie de concilier passion et vertu, *Les Liaisons dangereuses*, (Laclos, 1782), récit libertin de l'alliance du mal et de l'intelligence, qui marque l'apogée du genre. Voltaire véhicule ses idées sous le masque de la fiction des contes philosophiques : *Zadig* (1747), *Micromégas* (1752), *Candide* (1759), et Diderot fait éclater l'illusion romanesque avec *La Religieuse* (1760), *Le Neveu de Rameau* (1762) et surtout *Jacques le Fataliste* (1773). Quant à Rousseau, persécuté et malheureux, il se réfugie dans l'autobiographie : la beauté émouvante des *Confessions* (1765-1770) est déjà préromantique.

Lettres persanes

Montesquieu

(Charles de Secondat, baron de la Brède et de Montesquieu, château de la Brède, Bordelais, 1689 – Paris, 1755) Fils de la noblesse, il fait des études de droit et devient Président du parlement de Bordeaux. Peu attiré par le droit, il se passionne pour des travaux scientifiques. Les *Lettres persanes*, critique sociale de la France et de l'Europe du début du XVIIIᵉ siècle, paraissent, sans nom d'auteur, en 1721, et rencontrent un grand succès. À Paris, il fréquente les salons littéraires de Mme de Lambert et Mme de Tancin. De 1728 (date de son élection à l'Académie française) à 1731, il voyage en Europe et analyse les systèmes politiques des différentes nations. Il se retire à la Brède, et, pendant vingt ans, se consacre à la rédaction de *L'Esprit des Lois*, ouvrage de philosophie politique, qui connaît un énorme retentissement. Il y analyse les lois qui règlent les phénomènes sociaux, pose le principe de la séparation des pouvoirs, pense possible le progrès de l'humanité. Chez Montesquieu, la raison et le profond respect de la personne humaine s'opposent à toutes formes d'oppression.

De 1712 à 1720, deux Persans, Usbeck et Rica, visitent l'Europe, s'écrivent et écrivent à des amis restés en Perse. Rica est à Paris.

Rica à Ibben

à Smyrne

Le roi de France est le plus puissant prince de L'Europe. Il n'a point de mines d'or comme le roi d'Espagne, son voisin ; mais il a plus de richesses que lui, parce qu'il les tire de la vanité de ses sujets, plus inépuisable que les mines. On lui a vu entreprendre ou soutenir de grandes guerres, n'ayant d'autres fonds que des titres d'honneur à vendre, et, par un prodige de l'orgueil humain, ses troupes se trouvaient payées, ses places munies, et ses flottes équipées. 5

D'ailleurs, ce roi est un grand magicien : il exerce son emprise sur l'esprit même de ses sujets ; il les fait penser comme il veut. S'il n'a qu'un million d'écus dans son trésor, et qu'il en ait besoin de deux, il n'a qu'à leur persuader qu'un écu en vaut deux, et ils le croient. S'il a une guerre difficile à soutenir, et qu'il n'ait point d'argent, il n'a qu'à leur mettre dans la tête qu'un morceau de papier est de l'argent, et ils en sont aussitôt convaincus. Il va même jusqu'à leur faire croire qu'il les guérit de toutes sortes de maux en les touchant ; tant est grande la force et la puissance qu'il a sur les esprits. (…) 15 10

Montesquieu, *Lettres persanes*, Lettre XXIV, 1721.

Pour mieux comprendre

Smyrne : ancien nom de la ville d'Izmir, en Turquie, rattachée à l'Empire ottoman en 1424.

les mines d'or du roi d'Espagne : L'Espagne a conquis le Pérou de 1531 à 1536 et exploité ses ressources en or.

la vanité : l'orgueil, la prétention stupide ; la personne vaniteuse est contente d'elle-même et méprise les autres.

ses sujets : tous les gens soumis à l'autorité du roi ; ici, le peuple français.

inépuisable : qu'on ne peut pas épuiser, qu'on ne peut pas vider.

entreprendre : engager, commencer.

un fonds : des ressources, un capital.

des titres d'honneur : des documents officiels qui prouvent que l'on est d'origine noble.

un prodige : un miracle.

les troupes : l'armée.

les places munies : des villes mises en état de se défendre (avec des fortifications, des armes, des soldats) en période de guerre.

la flotte : l'ensemble des navires de guerre (une armada).

un magicien : personne qui fait croire qu'une illusion est la réalité.

une emprise : un pouvoir, une puissance exercée sur quelqu'un.

un écu : pièce de monnaie en or.

le trésor : les ressources financières dont dispose le roi. On dit aussi la cassette du roi.

les maux : pluriel de *le mal* ; des maladies. On croyait que les rois de France guérissaient certaines maladies en touchant les gens.

Découverte

1 Lisez le chapeau : repérez les dates, les lieux, les noms des personnages et ce qu'ils font.

2 Quel est le titre de l'œuvre d'où ce texte est extrait ? Quelles hypothèses pouvez-vous faire sur le contenu de l'œuvre ?

3 Dans cette lettre, qui écrit à qui ? Où se trouvent-ils ?

4 À votre avis, quel rôle Montesquieu fait-il jouer aux personnages ?

Exploration

1 Lisez la première phrase du premier paragraphe et le début de la première phrase du deuxième paragraphe : de qui va-t-il être question et que dit-on de ce personnage ?

2 Lisez tout l'extrait. Dans le premier paragraphe, quelle est la différence entre la richesse du roi de France et celle du roi d'Espagne ? Qu'est-ce qui est ironique dans la comparaison des deux rois ?

3 Que fait le roi de France avec l'argent que lui rapporte la vente des « titres d'honneur » ? Que pensez-vous de la manière dont il emploie cet argent ?

4 Deuxième paragraphe : « Il les fait penser comme il veut » ; dans le passage qui suit, retrouvez les trois exemples choisis par Montesquieu pour montrer le pouvoir du roi sur ses sujets.

5 Dans le même passage, par quels moyens grammaticaux Montesquieu organise-t-il son argumentation ?

6 Que critique Montesquieu chez le roi et chez les Français, ses sujets ?

7 Lisez la première phrase du texte de Diderot. Quelles réflexions vous inspire la lecture de ces deux auteurs ?

Le jeu de l'Amour et du Hasard

Marivaux

(Pierre Carlet de Chamblain de Marivaux, Paris, 1688-1763) On connaît peu de choses de son enfance. À dix-huit ans, il présente sa première comédie à Limoges. En 1710, il monte à Paris étudier le droit, fréquente les salons littéraires et adhère au groupe des *Modernes*. En 1720, ruiné par la banqueroute en France, il est obligé de vivre de sa plume. Il fonde deux journaux, écrit vingt-sept comédies dont *La Surprise de l'amour* (1722), *La Double Inconstance* (1723), *La Fausse Suivante*, *Le Prince travesti* (1724), *Le Jeu de l'Amour et du Hasard* (1730), *Les Fausses Confidences* (1737), publie deux romans : *Le Paysan parvenu* (1735), *La Vie de Marianne* (1741). En 1742, il est élu à l'Académie française contre Voltaire qui détestait son théâtre. Ses pièces, jouées par les comédiens italiens, peignent la psychologie amoureuse. Le marivaudage est caractérisé par un langage recherché et délicat dans le jeu amoureux. Marivaux est l'un des auteurs les plus joués en France aujourd'hui.

Au XVIIIe siècle. Monsieur Orgon, un bourgeois, destine un jeune homme en mariage à sa fille Silvia, pensant ainsi lui faire plaisir. Silvia discute de la situation avec Lisette, sa femme de chambre.

ACTE PREMIER
Scène première. Silvia, Lisette.

(…)

LISETTE. – Quoi, vous n'épouseriez pas celui qu'il vous destine ?

SILVIA. – Que sais-je ? peut-être ne me conviendra-t-il point, et cela m'inquiète.

LISETTE. – On dit que votre futur est un des plus honnêtes du monde, qu'il est bien fait, aimable, de bonne mine, qu'on ne peut pas 5 avoir plus d'esprit, qu'on ne saurait être d'un meilleur caractère ; que voulez-vous de plus ? Peut-on se figurer de mariage plus doux ? D'union plus délicieuse ?

SILVIA. – Délicieuse ! Que tu es folle avec tes expressions !

LISETTE. – Ma foi, Madame, c'est qu'il est heureux qu'un amant de 10 cette espèce-là veuille se marier dans les formes ; il n'y a presque point de fille, s'il lui faisait la cour, qui ne fût en danger de l'épouser sans cérémonie ; aimable, bien fait, voilà de quoi vivre pour l'amour ; sociable et spirituel, voilà pour l'entretien de la société : pardi, tout en sera bon, dans cet 15 homme-là, l'utile et l'agréable, tout s'y trouve.

SILVIA. – Oui, dans le portrait que tu en fais, et on dit qu'il y ressemble, mais c'est un *on dit*, et je pourrais bien n'être pas de ce sentiment-là, moi ; il est bel homme, dit-on, et c'est presque tant pis. 20

LISETTE. – Tant pis, tant pis, mais voilà une pensée bien hétéroclite !

SILVIA. – C'est une pensée de très bon sens ; volontiers un bel homme est fat, je l'ai remarqué.

LISETTE. – Oh, il a tort d'être fat ; mais il a raison d'être beau. (…)

Marivaux, *Le jeu de l'Amour et du Hasard*, comédie d'amour en trois actes, 1730.

Pour mieux comprendre

conviendra : v. *convenir*, plaire.
votre futur : votre futur mari.
honnête : cultivé, avec de bonnes manières.
aimable : digne d'être aimé.
délicieux, délicieuse : qui donne un bonheur parfait.
un amant : un prétendant, celui qui doit épouser une jeune fille.
se marier dans les formes : se marier selon les traditions et avec cérémonie.

fût : subjonctif imparfait du v. *être*.
faisait la cour : cherchait à plaire à une femme.
voilà pour l'entretien de la société : voilà qui est bien pour la vie à deux.
spirituel : amusant et brillant.
pardi : (pardieu) signifie *bien sûr*.
hétéroclite : bizarre.
fat : vaniteux, prétentieux.

Découverte

1 Quel est le titre de la pièce ? Qu'évoque-t-il pour vous ? Faites des hypothèses sur le genre théâtral (tragédie, tragi-comédie, comédie).

2 À quel moment de la pièce sommes-nous ? Quel est le but de cette scène au théâtre ?

3 Lisez le chapeau. Présentez les personnages, leur statut social et la situation.

4 Lisez les deux premières répliques, précisez le sujet de la discussion entre les personnages. Que dit Silvia ? Quel est son état d'esprit ?

Exploration

1 Lisez le texte. Soulignez ce que dit Lisette sur le jeune homme. Quel portrait en fait-elle ?

....

....

2 Revenez à la deuxième réplique de Lisette. Quels en sont les deux premiers mots ? Que signifient-ils ? Peut-on faire confiance à Lisette quand elle parle du jeune homme ?

....

....

3 Du point de vue de Lisette, relevez ce qui est important pour « l'amour et l'entretien de la société ». Transformez ce langage du XVIIIᵉ siècle en français moderne.

....

....

4 Comment réagit Silvia à ces différents propos ? Comment interprète-t-elle les deux mots de Lisette ? Quel est le caractère de Silvia ?

....

....

5 « Il est bel homme… et c'est presque tant pis. » À l'aide de la réplique suivante de Silvia, dites de quoi elle se méfie.

....

....

6 À travers le personnage de Silvia, que veut montrer Marivaux à propos du sentiment amoureux (reportez-vous au titre) ?

....

7 Lisette, la femme de chambre, a un ton très libre avec sa maîtresse, ce qui n'est pas habituel dans les pièces classiques. Que pressent Marivaux de l'évolution des rapports sociaux au cours du XVIIIᵉ siècle ?

....

....

Autorité politique

Denis Diderot

(Langres, 1713 – Paris, 1784)
Issu d'une famille bourgeoise, Diderot fait des études de droit, de théologie et de philosophie à Paris et mène, pendant une dizaine d'années, la vie de bohème. En 1747, il devient le principal rédacteur de l'*Encyclopédie*, énorme entreprise de vulgarisation de toutes les connaissances, qui voulait combattre les préjugés et faire triompher la raison. Le philosophe en dirigera les travaux jusqu'en 1766. Le matérialisme athée de sa *Lettre sur les aveugles à l'usage de ceux qui voient* (1749) lui vaut un emprisonnement dans la tour de Vincennes. En 1773, il demeure cinq mois à la cour de Russie, invité par Catherine II. C'est un travailleur infatigable, bon vivant, ami fidèle (Grimm, Sophie Volland), que tout passionne et dont l'œuvre est éclectique : théâtre, réflexions sur l'art du comédien (*Paradoxe sur le comédien*, 1773), critiques d'art, romans (*La religieuse*, 1760, *Le neveu de Rameau*, 1762, *Jacques le fataliste et son maître*, 1773), essais philosophiques (*Le rêve de d'Alembert*, 1769).

Aucun homme n'a reçu de la nature le droit de commander aux autres. La liberté est un présent du ciel, et chaque individu de la même espèce a le droit d'en jouir aussitôt qu'il jouit de la raison. Si la nature a établi quelque *autorité*, c'est la puissance paternelle : mais la puissance paternelle a ses bornes ; et dans 5 l'état de nature elle finirait aussitôt que les enfants seraient en état de se conduire. Toute autre *autorité* vient d'une autre origine que la nature. Qu'on examine bien et on la fera toujours remonter à l'une de ces deux sources : ou la force et la violence de celui qui s'en est emparé, ou le consentement de ceux qui s'y sont soumis par un 10 contrat fait ou supposé entre eux et celui à qui ils ont déféré l'*autorité*.

La puissance qui s'acquiert par la violence n'est qu'une usurpation et ne dure qu'autant que la force de celui qui commande l'emporte sur celle de ceux qui obéissent ; en sorte que si ces derniers deviennent à leur tour les plus forts, et qu'ils secouent le joug, ils le font avec 15 autant de droit et de justice que l'autre qui le leur avait imposé. La même loi qui a fait l'*autorité* la défait alors : c'est la loi du plus fort. (…)

Denis Diderot, article de l'*Encyclopédie*, 1751.

Pour mieux comprendre

jouir : faire usage de quelque chose, l'utiliser, en profiter.

une borne : une limite.

la puissance : dans le texte, peut être synonyme d'autorité absolue.

l'état de nature : ce que serait l'homme, débarrassé de toute influence sociale.

en état de se conduire : capable de se comporter raisonnablement.

une source : une origine, une cause.

s'emparer de : prendre avec violence, conquérir.

le consentement : le fait d'être d'accord, d'accepter.

se sont soumis : v. *se soumettre*, obéir, accepter.

déférer : accorder, donner.

s'acquiert : v. *s'acquérir*, se prendre, se gagner, s'obtenir.

une usurpation : le fait de prendre quelque chose sans en avoir le droit.

secouer le joug : se libérer de la contrainte (sens métaphorique de *joug*) qui empêche d'être libre.

Découverte

1 Quelles différentes formes « d'autorité politique » connaissez-vous ?

2 Selon vous, quelle autorité politique va préconiser Diderot, philosophe du XVIIIᵉ siècle, animateur et principal rédacteur de l'*Encyclopédie* ?

3 Repérez les mots en italique. Quel est l'effet recherché par Diderot ?

4 Cet extrait se termine par : « c'est la loi du plus fort. » Selon vous, quelles sont les conséquences d'une telle loi ?

Exploration

1 Lisez la première phrase. Comment la comprenez-vous ?

....

....

2 Dans la phrase suivante, relevez les deux arguments apportés par Diderot pour soutenir sa thèse.

....

....

3 Pour Diderot, seule la puissance paternelle est établie par la nature, mais elle est limitée. Quelle est cette limite ?

....

....

4 « Toute autre *autorité* vient d'une autre origine que la nature. » Dans la phrase qui suit, retrouvez les deux sources de l'autorité pour le philosophe.

....

....

5 Soulignez la fin du premier paragraphe, à partir de « le consentement ». Par qui et par quel moyen le consentement est-il accepté ? À quel régime politique Diderot fait-il allusion ?

....

....

....

6 Comment Diderot appelle-t-il l'autorité (ou la puissance) acquise par la violence ? Qu'en pensez-vous ?

....

....

....

....

Candide

Candide et son professeur, Pangloss, arrivent à Surinam, une ville de la Guyane hollandaise.

Voltaire

(Pseudonyme de François-Marie Arouet, Paris, 1694-1778) Ses écrits satiriques, son caractère ombrageux, lui valent deux emprisonnements à la Bastille, puis un exil en Angleterre (1726-1729). La publication des *Lettres philosophiques* (1734), critiquant la monarchie, l'oblige à nouveau à s'éloigner de Paris. Mme du Châtelet l'accueillera dans son château de Cirey où il écrira, entre autres, le *Traité de métaphysique*, l'*Essai sur les mœurs*…
Le philosophe est élu à l'Académie française en 1746. Son séjour en Prusse, auprès de Frédéric II (174 -1750) se termine par une nouvelle arrestation. Il s'est battu inlassablement pour la liberté, la justice, la tolérance, contre le fanatisme, professant un déisme basé sur la raison et défendant le bonheur terrestre. Son œuvre est immense : énorme correspondance, articles pour l'*Encyclopédie*, théâtre, poésie, histoire, philosophie (*Dictionnaire philosophique*, 1764), pamphlets, contes philosophiques (*Zadig* , 1747, *Candide* ,1759).

En approchant de la ville, ils rencontrèrent un nègre étendu à terre, n'ayant plus que la moitié de son habit, c'est-à-dire d'un caleçon de toile bleue ; il manquait à ce pauvre homme la jambe gauche et la main droite. « Eh ! mon dieu, lui dit Candide en Hollandais, que fais-tu là, mon ami, dans l'état horrible où je te vois ? – J'attends mon maître, M. Vanderdendur, le fameux négociant, répondit le nègre. – Est-ce M. Vanderdendur, dit Candide, qui t'a traité ainsi ? – Oui, monsieur, dit le nègre ; c'est l'usage. On nous donne un caleçon de toile pour tout vêtement deux fois l'année ; quand nous travaillons aux sucreries et que la meule nous attrape le doigt, on nous coupe la main ; quand nous voulons nous enfuir, on nous coupe la jambe ; je me suis trouvé dans ces deux cas : c'est à ce prix que vous mangez du sucre en Europe. Cependant, lorsque ma mère me vendit dix écus patagons sur la côte de Guinée, elle me disait : « Mon cher enfant, bénis nos fétiches, adore-les toujours, ils te feront vivre heureux ; tu as l'honneur d'être esclave de nos seigneurs les blancs, et tu fais par-là la fortune de ton père et de ta mère ». Hélas ! je ne sais pas si j'ai fait leur fortune, mais ils n'ont pas fait la mienne ; les chiens, les singes et les perroquets sont mille fois moins malheureux que nous. Les fétiches hollandais, qui m'ont converti, me disent tous les dimanches que nous sommes tous enfants d'Adam, blancs et noirs. Je ne suis pas généalogiste ; mais si ces prêcheurs disent vrai, nous sommes tous cousins issus de germain : or, vous m'avouerez qu'on ne peut pas en user avec ses parents d'une manière plus horrible. – Ô Pangloss ! s'écria Candide, tu n'avais pas deviné cette abomination ! » (…)

5

10

15

20

25

Voltaire, *Candide ou l'Optimisme*, 1759.

Pour mieux comprendre

un nègre : homme noir. Ce terme n'était pas péjoratif au XVIIIe siècle.

un caleçon : une culotte, un pantalon avec de longues jambes.

l'usage : ici, l'habitude.

la meule : machine ronde et lourde qui sert à écraser les cannes à sucre.

un fétiche : objet auquel on donne le pouvoir de faire le bien. Pour l'esclave, les « fétiches hollandais » sont les prêtres blancs.

un esclave : homme qui n'est pas libre, qui appartient à un maître.

un perroquet : oiseau qui peut parler.

converti : les prêtres hollandais l'ont fait devenir chrétien.

Adam : dans la Bible, c'est le premier homme.

un/une généalogiste : personne qui connaît l'origine des familles.

nous sommes tous cousins issus de germain : nous appartenons tous à la même famille.

en user : ici, se comporter.

une abomination : horreur absolue.

Découverte

1 Le conte philosophique d'où ce texte est extrait est connu sous le titre de « Candide », nom du personnage principal. « Candide » signifie « naïf, simple, qui s'étonne de tout ». Quelles hypothèses pouvez-vous faire sur les intentions de Voltaire dans le choix d'un tel titre ?

2 Lisez le chapeau : qui sont les personnages ? Quels sont les indices de lieu ?

3 Parcourez le texte et relevez les noms propres.

4 Quelles relations historiques pouvez-vous établir entre les noms relevés qui se réfèrent à des langues et des lieux ?

5 Dans le texte, à quoi correspondent les tirets ?

Exploration

1 Lisez la première phrase. En arrivant près de Surinam, quel personnage rencontrent Candide et Pangloss ? Décrivez-le.

....

2 Quelle serait votre réaction si vous rencontriez un être humain dans un tel état ?

....

3 Lisez la phrase suivante : quelle est l'attitude de Candide face à cet homme ?

....

4 Lisez tout le texte. Soulignez la proposition « tu as l'honneur d'être esclave de nos seigneurs les blancs ». Qui parle à qui ? À votre avis, est-ce que la situation d'esclave peut être considérée comme un honneur ? En fait, qui parle, dans cette phrase ?

....

5 « C'est à ce prix que vous mangez du sucre en Europe. » Quel est « ce prix » dont parle l'esclave ? Pour vous aider, appuyez-vous sur ce qui précède et sur la phrase qui commence par « Hélas ! ».

....

6 Relisez le passage : « Les fétiches hollandais… horrible ». Les prêtres hollandais disent que les blancs et les noirs sont égaux : « …nous sommes tous enfants d'Adam. » Suivez le raisonnement de l'esclave. Que met-il en évidence ?

....

7 Comment interprétez-vous la dernière réplique de Candide, à la fois par rapport à la situation de l'esclave et par rapport à son professeur ? Que peut-il remettre en question de l'enseignement de ce dernier ?

....

....

Les Confessions

À seize ans, le jeune Rousseau, serviteur dans une famille bourgeoise, est accusé d'un vol.

Beaucoup d'autres meilleures choses étaient à ma portée ; ce ruban seul me tenta, je le volai, et comme je ne le cachais guère, on me le trouva bientôt. On voulut savoir où je l'avais pris. Je me trouble, je balbutie, et enfin je dis, en rougissant, que c'est Marion qui me l'a donné. Marion était une jeune Mauriennoise 5 dont Mme de Vercellis avait fait sa cuisinière, quand, cessant de donner à manger, elle avait renvoyé la sienne, ayant plus besoin de bons bouillons que de ragoûts fins. Non seulement Marion était jolie, mais elle avait une fraîcheur de coloris qu'on ne trouve que dans les montagnes, et surtout un air de modestie et de douceur qui 10 faisait qu'on ne pouvait la voir sans l'aimer ; d'ailleurs bonne fille, sage et d'une fidélité à toute épreuve. C'est ce qui surprit quand je la nommai. L'on n'avait guère moins de confiance en moi qu'en elle, et l'on jugea qu'il importait de vérifier lequel était le fripon des deux. On la fit venir ; l'assemblée était nombreuse, le comte de la 15 Roque y était. Elle arrive, on lui montre le ruban, je la charge effrontément ; elle reste interdite, se tait, me jette un regard qui aurait désarmé les démons, et auquel mon barbare cœur résiste. Elle nie enfin avec assurance, mais sans emportement, m'apostrophe, m'exhorte à rentrer en moi-même, à ne pas déshonorer une fille 20 innocente qui ne m'a jamais fait de mal ; et moi, avec une impudence infernale, je confirme ma déclaration, et lui soutiens en face qu'elle m'a donné le ruban. La pauvre fille se mit à pleurer, et ne me dit que ces mots : « Ah ! Rousseau, je vous croyais un bon caractère ».

Jean-Jacques Rousseau, *Les Confessions*, 1765-1770 (éd. posthume, 1782-1789).

Jean-Jacques Rousseau

(Genève, 1712 – Ermenonville, 1778) Sa mère meurt à sa naissance, il reste peu de temps chez son père qui le place chez un pasteur. Par la suite, il sera laquais, séminariste, musicien, secrétaire. À Lyon, il vit chez le frère du philosophe Condillac pour parfaire son instruction. À trente ans, à Paris, il fait la connaissance du monde littéraire (Diderot, Marivaux…). En 1744, il rencontre Thérèse Levasseur dont il aura cinq enfants qu'il abandonnera à l'hospice. Il écrit *La Nouvelle Héloïse* (1761) et des essais critiques sur la société : *Discours sur l'origine de l'inégalité* (1755) ; *Du contrat social* et *Émile ou De l'éducation* (1762) l'obligent à quitter la France suite à la condamnation du Parlement de Paris. Son seul refuge sera l'autobiographie : *Les Rêveries du promeneur solitaire* (1776) et *Les Confessions* qui paraîtront après sa mort.

Pour mieux comprendre

un ruban : bande de tissu qui sert à orner les cheveux, les chapeaux, les robes…
ne... guère : ne... pas.
balbutie : v. *balbutier*, parler sans articuler et d'une manière hésitante, incompréhensible.
Marion : la domestique, du même âge que Rousseau.
Mauriennoise : habitante de la vallée de la Maurienne, en Savoie (région montagneuse).
Mme de Vercellis : la maîtresse de maison.

un bouillon : potage, soupe.
un ragoût : plat composé de morceaux de viande. (C'est meilleur que le bouillon).
importait : v. *importer*, ce qu'il faut faire.
un fripon : personne malhonnête.
effrontément : sans honte.
interdit(e) : qui ne bouge pas.
exhorter : encourager fortement.
une impudence : un geste, une parole qui choque (une effronterie).

Découverte

1 Quel est le titre de l'œuvre dont est extrait le texte ? Que signifie-t-il ?

2 En vous aidant du chapeau, présentez le personnage principal.

3 À la fin du texte, dans la dernière phrase entre guillemets, repérez le nom propre. Comment appelle-t-on un récit où le nom du personnage est identique à celui de l'auteur ?

4 Balayez le texte du regard et relevez les noms propres.

Exploration

1 Lisez le texte. Quel est l'objet qui tente Rousseau et qu'a-t-il fait ?

....

2 Quelle est sa réaction lorsque son acte est découvert ?

....

3 Dans la première et la deuxième phrase, que représente « on » ?

....

4 Les deux premières phrases sont à l'imparfait et au passé simple. Les verbes principaux de la troisième phrase sont au présent. Quel effet produit ce changement ?

....

....

5 « ...mais elle avait une fraîcheur de coloris qu'on ne trouve que dans les montagnes ». Qui est Marion ?

....

6 À partir de « Elle arrive, on lui montre le ruban, je la charge effrontément », relevez tous les pronoms personnels. À qui se rapportent-ils ?

....

....

7 « La pauvre fille... » : quelles sont les différentes attitudes de Marion face à l'accusation de Rousseau ?

....

....

8 « mon barbare cœur résiste » : Rousseau refuse de reconnaître le vol « avec une impudence infernale » ; il soutient que Marion lui a donné le ruban. Dans *Les Confessions*, Rousseau a voulu se décrire fidèlement, dire la vérité. À la lecture de ce texte, que pensez-vous du portrait qu'il fait de lui-même ?

....

....

Lettres

Manon Phlipon (Madame Roland) écrit à l'une de ses meilleurs amies, Sophie Cannet (vingt-cinq ans), fille d'une riche famille d'Amiens.

CXCI

À Sophie

3 octobre au soir 1777,

Je suis fâchée que tu n'aimes pas Rousseau, car je l'aime au-delà de l'expression et je n'entends pas bien les reproches que tu lui fais. Qui que ce soit ne fut plus conséquent et plus ferme dans sa conduite. La prévention, la sottise, la haine et la méchanceté l'ont per- 5
sécuté avec un acharnement et une violence dont on voit peu d'exemples : il s'est défendu en homme sensible à l'estime publique, et qui cherche à la mériter, mais en même temps en homme supérieur aux vaines attaques de l'envie ; et il a fini par se soustraire à sa propre célé-
brité, en choisissant une vie obscure et paisible, digne d'un sage, et bien 10
étonnante dans celui qui pouvait attendre les plus grandes distinctions, si elles étaient le prix des lumières et de la vertu. Quelle est donc cette cause juste, soutenue par ses adversaires, que tu dis avoir été confon-
due ? Il faut que tu t'expliques : je porte Rousseau dans mon cœur, je veux éclairer l'hommage que je lui rends, mais je ne souffre pas qu'on l'attaque vaguement.

Madame Roland, *Lettres*, 1767-1780, publiées par Claude Perroud,
Paris, Imprimerie Nationale, nouvelle série, 1913.

Mme Roland

(Manon Philipon, Paris, 1754-1793) Elle est la fille d'un maître graveur. Avide de connaissances, elle se passionne pour la littérature, lit Plutarque, étudie les mathématiques. En 1780, elle épouse J.-M. Roland de la Platière, de vingt-deux ans son aîné. Elle adhère aux idées révolutionnaires et écrit des articles pour le *Courrier de Lyon*, journal fondé par son mari lorsqu'il est élu maire de Lyon (1790). Son influence est considérable auprès des Girondins (groupe politique important sous la Révolution, dont fait partie le philosophe Condorcet, et qui s'est opposé à l'exécution du roi Louis XVI). Elle est arrêtée pendant la répression sanguinaire de la Terreur (juin 1793-juillet 1794), emprisonnée à la Conciergerie et guillotinée le 8 novembre 1793. On dit qu'avant de mourir, elle aurait prononcé ces paroles : « Ô liberté, que de crimes on commet en ton nom ! ». Elle a écrit ses *Mémoires*, remarquable témoignage sur son époque, et une abondante correspondance publiée en plusieurs volumes.

Pour mieux comprendre

entendre : comprendre.

un reproche : une accusation, une attaque.

fut : v. *être* au passé simple.

conséquent : cohérent, constant dans ses idées, ses engagements.

la prévention : opinion qui n'est pas basée sur la raison ; préjugé.

persécuter : accabler quelqu'un de trai-tements injustes, le harceler.

un acharnement : une attaque systéma-tique et violente.

vain(e) : inutile.

l'envie : la jalousie.

la vertu : une force morale tendue vers le bien.

être confondu(e) : être convaincu(e), persuadé(e).

éclairer : expliquer.

souffrir : tolérer, admettre.

Découverte

1 Repérez à qui écrit Manon Phlipon (Madame Roland) et à quelle date.

2 Quel est le roi de France à l'époque où la lettre est écrite ? Que se passera-t-il, sur le plan historique, douze ans plus tard, en France ?

3 Quel âge a Manon lorsqu'elle écrit cette lettre ?

4 Relevez le nom propre de la première ligne de la lettre. Que connaissez-vous de cette personne ?

Exploration

1 Lisez le texte. Au tout début de l'extrait, quel reproche Manon fait-elle à son amie ?

....

....

2 Comment comprenez-vous : « car je l'aime au-delà de l'expression » ?

....

....

3 À quelles causes Manon attribue-t-elle la persécution dont Rousseau a été victime ? Comment qualifieriez-vous les personnes qui se comportent ainsi ?

....

....

4 Manon présente Rousseau comme « digne d'un sage ». Quels arguments donne-t-elle pour défendre son opinion ? Plusieurs réponses sont possibles.

....

....

5 Selon Manon, qu'est-ce que le philosophe aurait dû attendre « du prix des lumières » (c'est-à-dire la récompense de son travail philosophique) et de sa « vertu » ?

....

....

6 Dernière phrase : qu'apprend-on sur l'attitude et le caractère de Manon ?

....

....

7 Reportez-vous à la biographie de Rousseau présentée dans cet ouvrage. Qu'est-ce que Manon et son amie ont pu lire du philosophe ? Au regard de leur âge, que pensez-vous du niveau intellectuel de ces jeunes femmes ?

....

....

Les Liaisons
dangereuses

Pierre Choderlos de Laclos

(Amiens 1741 – Tarente, 1803)
En 1782, cet officier de carrière, commandant parfois à plus de cinq cents hommes, participant activement à la Révolution, ayant même inventé un type de boulet à canon et écrit un mémoire, *De la guerre et de la paix*, publie un des chefs-d'œuvre de la littérature française, *Les Liaisons dangereuses*. Ce roman par lettres, genre très en vogue à l'époque, (*La Nouvelle Héloïse* de Rousseau, 1761), connaît un succès immédiat et scandaleux. En dénonçant le libertinage, le cynisme du couple infernal Valmont-Merteuil, Laclos choque les aristocrates qui refusent de se reconnaître dans cette image d'eux-mêmes. Partisan des Lumières, l'écrivain pense que seule une éducation éclairée empêche la corruption. Pour cela, il écrit *De l'éducation des femmes* entre 1795 et 1802. Jusqu'au XIXᵉ siècle, l'Église condamnera son œuvre, mais Baudelaire, Nerval la défendront. Plusieurs fois adapté au cinéma, notamment par S. Frears (1988) et Milos Forman (1989), le roman fascine toujours autant.

Pendant son séjour au château d'une amie, la belle et vertueuse Présidente de Tourvel, vingt-deux ans, mariée à un haut magistrat, Président au tribunal, a rencontré le neveu de cette amie, le Vicomte de Valmont, vingt-cinq ans, dont elle a trouvé la compagnie agréable.

LETTRE IX
MADAME DE VOLANGES À LA PRÉSIDENTE DE TOURVEL

(…) mais je ne crois pas pouvoir me dispenser de causer avec vous au sujet du Vicomte de Valmont.

Je ne m'attendais pas, je l'avoue, à trouver jamais ce nom-là dans vos Lettres. En effet, que peut-il y avoir de commun entre vous et lui ? Vous ne connaissez pas cet homme ; où auriez-vous pris l'idée de l'âme 5 d'un libertin ? Vous me parlez de sa *rare candeur* : oh ! oui ; la candeur de Valmont doit être en effet très rare. Encore plus faux et dangereux qu'il n'est aimable et séduisant, jamais, depuis sa plus grande jeunesse, il n'a fait un pas ou dit une parole sans avoir un projet, et jamais il n'eut un projet qui ne fût malhonnête ou criminel. Mon amie, vous me 10 connaissez ; vous savez si, des vertus que je tâche d'acquérir, l'indulgence n'est pas celle que je chéris le plus. Aussi, si Valmont était entraîné par des passions fougueuses ; si, comme mille autres, il était séduit par les erreurs de son âge, blâmant sa conduite je plaindrais sa personne, et j'attendrais, en silence, le temps où un retour lui rendrait 15 l'estime des gens honnêtes. Mais Valmont n'est pas cela : sa conduite est le résultat de ses principes. Il sait calculer tout ce qu'un homme peut se permettre d'horreurs sans se compromettre ; et pour être cruel et méchant sans danger, il a choisi les femmes pour victimes. Je ne m'arrête pas à compter celles qu'il a séduites : mais combien n'en a-t-il 20 pas perdues ?
(…)

*De … ce 11 août 17**.*

Choderlos de Laclos, *Les Liaisons dangereuses ou Lettres recueillies dans une société et publiées pour l'instruction de quelques autres*, 1782.

Pour mieux comprendre

se dispenser : ne pas faire.

avouer : accorder, reconnaître.

prendre l'idée de : prendre connaissance de quelque chose.

un(e) libertin(e) : quelqu'un qui n'obéit ni à la morale, ni à la religion.

la candeur : la sincérité et l'innocence.

faux : hypocrite.

eut un projet : passé simple du v. *avoir* ; ici, calculer pour arriver à son but.

fût : subjonctif imparfait du v. *être*.

tâcher d'acquérir : essayer de posséder.

l'indulgence : la facilité à pardonner.

blâmant sa conduite : condamnant ses actes.

un retour : un changement d'attitude.

un principe : une règle de morale.

se compromettre : se mettre en danger.

perdu(es) : ayant perdu son honneur.

Découverte

1 Lisez le chapeau. Présentez les deux personnages principaux ainsi que la situation.

2 Lisez les informations données au-dessus du texte et en-dessous, dans la partie droite. De quel type d'écrit s'agit-il ? Comment appelle-t-on ce genre de roman ?

3 Qu'évoque pour vous le titre de ce roman : *Les Liaisons dangereuses* ?

4 Lisez la première phrase. Identifiez « je » et « vous ». De qui va-t-on parler ?

Exploration

1 Après avoir lu tout le texte, donnez un mot de votre choix pour qualifier Valmont.

....

2 Pourquoi « rare candeur » est-il écrit en italique ? Que souligne l'emploi de l'adjectif « rare » ?

....

....

3 Dans la phrase : « Encore plus... ou criminel », relevez les oppositions d'adjectifs ainsi que les négations et les répétitions. Quel est l'effet produit ?

....

....

....

4 Repérez le passage : « Aussi, si..., si » : Mme de Volanges forme des hypothèses sur l'attitude de Valmont. Comment comprenez-vous : « Si, comme mille autres,... les erreurs de son âge » ? Que ferait alors Mme de Volanges ?

....

....

....

5 « Mais Valmont n'est pas cela : ... ». Qu'annoncent les deux points ?

....

6 « Sa conduite est le résultat de ses principes. » À l'aide de la phrase suivante et de ce que vous savez déjà sur Valmont, dites quels sont « ses principes » pour Mme de Volanges.

....

....

7 Valmont est un personnage emblématique du libertinage du XVIIIe siècle. Recherchez dans la littérature de votre pays des personnages proches de celui des *Liaisons dangereuses*.

....

Le mariage de Figaro

Acte Premier

Le théâtre présente une chambre à demi démeublée ; un grand fauteuil de malade est au milieu. Figaro, avec une toise, mesure le plancher. Suzanne attache à sa tête, devant une glace, le petit bouquet de fleurs d'orange appelé chapeau de la mariée.

Scène première. – FIGARO, SUZANNE

FIGARO. – Dix-neuf pieds sur vingt-six.

SUZANNE. – Tiens, Figaro, voilà mon petit chapeau : le trouves-tu mieux ainsi ?

FIGARO *lui prend les mains*. – Sans comparaison, ma charmante. Oh ! que ce joli bouquet virginal, élevé sur la tête d'une belle fille, est 5 doux, le matin des noces, à l'œil amoureux d'un époux !…

SUZANNE *se retire*. – Que mesures-tu donc là, mon fils ?

FIGARO. – Je regarde, ma petite Suzanne, si ce beau lit que Monseigneur nous donne aura bonne grâce ici.

SUZANNE. – Dans cette chambre ?   10

FIGARO. – Il nous la cède.

SUZANNE. – Et moi je n'en veux point.

FIGARO. – Pourquoi ?

SUZANNE. – Je n'en veux point.

FIGARO. – Mais encore ?   15

SUZANNE. – Elle me déplaît.

FIGARO. – On dit une raison.

SUZANNE. – Si je n'en veux pas dire ?

FIGARO. – Oh ! quand elles sont sûres de nous !

SUZANNE. – Prouver que j'ai raison serait accorder que je puis avoir 20 tort. Es-tu mon serviteur, ou non ?

FIGARO. – Tu prends de l'humeur contre la chambre du château la plus commode, et qui tient le milieu des deux appartements. La nuit, si Madame est incommodée, elle sonnera de son côté ; zeste ! en deux pas tu es chez elle. Monseigneur veut-il quelque chose ? Il 25 n'a qu'à tinter du sien ; crac ! en trois sauts me voilà rendu.

SUZANNE. – Fort bien ! Mais quand il aura *tinté* le matin pour te donner quelque bonne et longue commission, zeste ! en deux pas il est à ma porte, et crac ! en trois sauts…

Beaumarchais, *Le mariage de Figaro*, comédie en cinq actes en prose, 1784.

Beaumarchais

(Pierre-Augustin Caron, Paris 1732-1799) C'est un personnage complexe dont la vie ressemble à un roman d'aventures où les femmes et l'argent jouent un grand rôle. Fils d'un horloger, il achète une charge de secrétaire du roi, est anobli et prend le nom de Monsieur de Beaumarchais. Tour à tour homme d'affaires, spéculateur chanceux, séducteur, intrigant, agent secret des rois Louis XV et Louis XVI, plusieurs fois emprisonné, il n'est jamais éloigné de l'écriture. La comédie *Le Barbier de Séville* (1775), lui assure le succès. En 1777, il fonde la Société des auteurs dramatiques pour protéger les droits des créateurs et publie l'édition complète des œuvres de Voltaire (1783-1790). Enfin, après six censures, c'est le triomphe du *Mariage de Figaro* (1784). Le rythme endiablé de l'intrigue, les situations comiques, la gaieté des répliques ne font pas oublier une violente satire politique et sociale. Le valet qui triomphe du maître annonce les futurs bouleversements de la Révolution de 1789.

Pour mieux comprendre

une toise : instrument ancien servant à mesurer.

dix-neuf pieds sur vingt-six : environ 6,50 m sur 8,50 m.

fleurs d'orange : fleurs d'oranger, symbole de pureté. Les jeunes filles les portent pour leur mariage (noce).

Monseigneur : le comte ; Figaro est à son service et Suzanne au service de sa femme, la comtesse.

céder : donner.

prendre de l'humeur : s'énerver.

incommodé(e) : un peu malade.

zeste/crac : exclamations qui montrent la rapidité d'un personnage.

commode : pratique, convenable.

tinter : sonner le serviteur (l'appeler).

Découverte

1 Repérez le titre de la pièce. Quel en sera le sujet ? Lisez les références de l'œuvre. Quel en est le genre ?

2 À quel moment de la pièce sommes-nous ? Quelle est la fonction de cette scène au théâtre ?

3 Qui sont les deux personnages présents dans cette scène ?

4 Lisez l'indication scénique écrite par Beaumarchais. Où sont les personnages ? Que font-ils ? Qu'est-ce qui se prépare ?

Exploration

1 Lisez le texte. Quel est le sujet principal de la discussion entre Suzanne et Figaro ?

....

2 Au début de la scène, qu'est-ce que Suzanne montre à Figaro ? Quelle est son attitude ? Comment Figaro lui répond-il ? Sur quel ton se parlent-ils (grave, léger…) ?

....

....

3 Quelles sont les réactions de Suzanne quand elle apprend que Monseigneur, leur maître, leur donne « cette chambre » ? Argumente-t-elle vraiment sa position ?

....

....

4 Figaro plaisante : « Oh ! quand elles sont sûres de nous ! », c'est-à-dire « quand les femmes sont sûres de notre amour, elles n'expliquent pas leurs caprices ». Comment comprenez-vous la réplique intelligente de Suzanne : « Prouver que… avoir tort. » ?

....

....

5 La dernière réplique de Figaro : relevez l'aspect pratique qu'il trouve à la chambre.

....

....

6 Terminez la dernière réplique de Suzanne. Sur quels procédés repose le comique de sa réponse ?

....

....

7 Monseigneur, le maître de Figaro, offre une chambre et un lit aux futurs mariés. Pensez-vous que sa générosité soit sincère ? À votre avis, que dénonce Beaumarchais dans les rapports « maître-serviteurs » ?

....

....

Le XIXᵉ siècle

De profonds changements bouleversent le XIXᵉ siècle : révolution industrielle, naissance du monde ouvrier et du droit syndical, émergence des socialismes utopistes, enseignement obligatoire et laïc, expansion de la presse et de l'édition, invention de la photographie et du cinéma, de l'automobile, découverte du vaccin par Pasteur, extension de l'empire colonial (Algérie, Indochine...)

La tour Eiffel est construite en 1889, lors de la quatrième exposition universelle à Paris, commémorant le centenaire de la Révolution française.

Sur le plan politique, les régimes se succèdent : l'Empire de Napoléon 1ᵉʳ (1804-1814), la Restauration avec le retour de la monarchie (1814-1848), la IIᵉ République (1848-1851) et le Second Empire de Napoléon III (1851-1870). Pendant cette période, deux révolutions éclatent : les Trois Glorieuses (1830) et la révolution de 1848 qui met fin à la monarchie et proclame la IIᵉ République. L'esclavage est aboli, la liberté accordée à la presse, le suffrage universel est institué. Suite à la guerre franco-allemande et à la répression sanglante de la Commune de Paris, le Second Empire de Napoléon III s'effondre et la stabilité s'instaure avec la IIIᵉ République, laïque et parlementaire (1870-1940).

LES COURANTS LITTÉRAIRES

Le romantisme

Il s'inspire des écrivains anglais (Byron) et allemands (Goethe). C'est l'expression du désenchantement d'une génération née de la Révolution française de 1789, qui s'incarnera dans la poésie, le théâtre et le roman. C'est le « mal du siècle », annoncé par Chateaubriand, écrivain du Moi blessé, dans le roman *René* (1802), et repris par Musset dans *La Confession d'un enfant du siècle* (1836). Lamartine, Vigny, Musset et Hugo, figure emblématique de ce siècle, symbolisent la poésie romantique. En célébrant la passion, la liberté et l'engagement politique, ils expriment leur malaise dans la société bourgeoise de la restauration de la monarchie et leur rejet de son conformisme.

Le théâtre se libère des règles du Classicisme. La *Préface de Cromwell* (1827) et *Hernani* (1830) de Victor Hugo inaugurent le drame romantique avec ses audaces et déclenchent la bataille entre Classiques et Modernes. Stendhal (*Le Rouge et le Noir*, 1830) et Balzac avec la *Comédie Humaine* (1831-1841) donnent ses lettres de noblesse au roman et annoncent le réalisme. Le père du roman historique, Alexandre Dumas, fait paraître ses œuvres dans la presse, sous forme de romans-feuilletons (*Le comte de Monte-Cristo,* 1845).

■ Le réalisme

Né durant la seconde moitié du siècle, il refuse la mélancolie et la sentimentalité des romantiques. Dans une recherche formelle constante, Flaubert peint avec méticulosité une réalité historique et sociale : *Madame Bovary*, (1857), *l'Éducation sentimentale*, (1869), *Salammbô* (1862). Maupassant, après avoir porté la nouvelle à un haut degré de perfection, *Boule de Suif* (1880), *Une vie* (1883), s'éloigne de son maître Flaubert pour investir une littérature du fantastique : *Le Horla* (1887).

■ Le naturalisme

Dans *les Rougon-Macquart* (1871-1893), Émile Zola relate l'histoire d'une famille du Second Empire, marquée par l'hérédité et le déterminisme de l'environnement. Il s'inspire des théories scientifiques de l'époque (le positivisme d'Auguste Comte). Son œuvre témoigne des transformations de son temps : les grands boulevards, les grands magasins, la finance, les chemins de fer, et rend compte des luttes sociales. Comme George Sand, Victor Hugo, il dénonce la misère que produit le capitalisme naissant.

■ Le Parnasse

Leconte de Lisle, *Poèmes Barbares* (1862), Hérédia, *Les Trophées* (1893), se détournent de l'émotion des romantiques et de l'engagement politique pour s'intéresser, comme Théophile Gautier, à « l'art pour l'art ».

■ Le symbolisme

Il s'éloigne des mouvements précédents. Nerval puise son inspiration dans les arcanes du rêve et des souvenirs pour transcrire ses visions, entre songe et réalité : *Les filles du feu* et *Les chimères* (1854). Baudelaire compose *Les Fleurs du Mal* (1857*)*, œuvre majeure du symbolisme, où il établit des correspondances entre le monde sensible et les aspects cachés de l'univers. Quant à Verlaine, *Poèmes saturniens* (1866), Rimbaud, *Une saison en enfer* (1873), *Illuminations* *(*1874-1876*)* et Mallarmé, *Hérodiade* (1871), ils explorent toutes les potentialités du langage poétique.

■ Les décadents

Ils représentent « la fin de siècle ». Des Esseintes, le héros du roman de Huysmans, *À rebours*, (1884), illustre le personnage du dandy dégoûté des réalités quotidiennes qui se réfugie dans un esthétisme morbide.

À partir de 1874, le mouvement impressionniste préfigure l'esthétique nouvelle du XXe siècle en peinture, en musique et en littérature.

Le Lac

Le poète, seul devant un lac, pense à sa bien-aimée.

(…)

« **Ô** Temps, suspends ton vol ! et vous, heures propices,
    Suspendez votre cours !
Laissez-nous savourer les rapides délices
    Des plus beaux de nos jours !

Assez de malheureux ici-bas vous implorent :   5
    Coulez, coulez pour eux ;
Prenez avec leurs jours les soins qui les dévorent ;
    Oubliez les heureux.

Mais je demande en vain quelques moments encore,
    Le temps m'échappe et fuit ;   10
Je dis à cette nuit : « Sois plus lente » ; et l'aurore
    Va dissiper la nuit.

Aimons donc, aimons donc ! de l'heure fugitive,
    Hâtons-nous, jouissons !
L'homme n'a point de port, le temps n'a point de rive ;   15
    Il coule, et nous passons ! » (…)

Alphonse de Lamartine, *Méditations poétiques*, 1820.

Alphonse de Lamartine

(Mâcon, 1790 – Paris, 1869)
Fils d'un royaliste et d'une mère bourgeoise et croyante, il a eu une jeunesse insouciante. Il fait des études classiques et mène une vie oisive, entre son village et Paris. Influencé par Racine, il écrit, très jeune, ses premiers essais littéraires.
En 1811, il voyage en Italie, a une relation avec Antonnella qui lui inspirera des poèmes. Il travaille pour le roi Louis XVIII, démissionne, voyage, rencontre d'autres femmes qui le marqueront profondément. *Le Lac* est écrit peu après sa relation avec Julie Charles. Lamartine mène une double carrière diplomatique et poétique, de 1820 à 1830 (Restauration de la Monarchie). Il devient conseiller général, député, ministre. En 1848 (sous la deuxième République), il devient chef du gouvernement provisoire. Sa poésie est celle de la rêverie, de l'émotion : *Méditations poétiques* (1820, son seul succès littéraire), *Harmonies poétiques et religieuses* (1830), *Jocelyn* (1836). Il meurt oublié de tous dans l'épuisement et le dénuement.

Pour mieux comprendre

un lac : grande étendue d'eau douce ou salée, à l'intérieur des terres.

Ô : interjection pour invoquer, interpeller quelqu'un ; elle traduit souvent la joie, la crainte…

suspends : v. *suspendre*, arrêter, cesser.

propice : favorable, heureux.

savourer : goûter doucement pour faire durer le plaisir.

implorent : v. *implorer* ; ici, souhaiter vivement.

un soin : souci, préoccupation.

en vain : inutilement.

m'échappe : v. *(s')échapper*, fuir.

dissiper : faire disparaître, effacer.

fugitif, fugitive : ce qui est passager, de courte durée.

hâtons : v. *hâter*, faire vite, se dépêcher.

jouissons : v. *jouir*, profiter pleinement du moment présent, savourer.

n'a point : n'a pas.

un port : un abri, un refuge.

une rive : limite, bord d'une étendue d'eau.

Découverte

1 Qu'évoque pour vous le titre du poème ?

2 Observez l'extrait du poème. Comment est-il composé (strophes, longueur des vers) ?

3 Lisez le poème : quel en est le thème ?

Exploration

1 Dans les deux premiers vers, à qui s'adresse le poète ? Que demande-t-il ? Que signifie la majuscule à « Temps » ?

....

....

2 Comment interprétez-vous « heures propices » ?

....

....

3 À votre avis, que représente le « nous » de « Laissez-nous savourer les rapides délices » (vers 3) ?

....

....

4 Relevez les verbes à l'impératif et classez-les selon la valeur qu'ils expriment (ordre, conseil, souhait, prière).

....

....

5 Troisième strophe : quel est le constat du poète face au temps ? Que demande-t-il et que souhaite-t-il ?

....

....

6 Quatrième strophe : quelle proposition fait-il face à son constat ?

....

7 Observez la troisième strophe : comptez le nombre de syllabes par vers ; en vous aidant de la ponctuation (ou de son absence), découpez les groupes de mots qui rythment la strophe.

....

8 « L'homme n'a point de port, le temps n'a point de rive/Il coule, et nous passons ! ». Comment comprenez-vous ces deux vers ? Dans votre culture, la représentation du temps correspond-elle à celle de Lamartine ? Développez votre réponse.

....

....

Le Rouge et le Noir

Julien Sorel, dix-neuf ans, fils d'un paysan marchand de bois, est engagé comme précepteur par M. de Rênal, un riche industriel. Il vient prendre son emploi et est accueilli par Mme de Rênal.

– Que voulez-vous ici, mon enfant ?

Julien se tourna vivement, et, frappé du regard si rempli de grâce de madame de Rênal, il oublia une partie de sa timidité. Bientôt, étonné de sa beauté, il oublia tout, même ce qu'il venait faire. Madame de Rênal avait répété sa question. 5

– Je viens pour être précepteur, madame, lui dit-il enfin, tout honteux de ses larmes qu'il essuyait de son mieux.

Madame de Rênal resta interdite, ils étaient fort près l'un de l'autre à se regarder. Julien n'avait jamais vu un être aussi bien vêtu et surtout une femme avec un teint si éblouissant, lui parler d'un air si 10 doux. Madame de Rênal regardait les grosses larmes qui s'étaient arrêtées sur les joues si pâles d'abord et maintenant si roses de ce jeune paysan. Bientôt elle se mit à rire, avec toute la gaieté folle d'une jeune fille, elle se moquait d'elle-même, et ne pouvait se figurer tout son bonheur. Quoi, c'était là ce précepteur qu'elle s'était 15 figuré comme un prêtre sale et mal vêtu, qui viendrait gronder et fouetter ses enfants !

- Quoi, monsieur, lui dit-elle enfin, vous savez le latin ?

Ce mot de monsieur étonna si fort Julien qu'il réfléchit un instant.

- Oui, madame, dit-il timidement. (…) 20

Stendhal, *Le Rouge et le Noir*, 1830.

Stendhal

(Pseudonyme de Henri Beyle, Grenoble, 1783 – Paris, 1842) Après une enfance difficile, il s'engage dans l'armée, découvre l'Italie, l'un de ses enchantements, puis prend part à la campagne de Russie. À la chute de Napoléon, il s'installe à Milan, revient à Paris en 1821, mène un vie mondaine. *Rome, Naples et Florence* paraît en 1817. L'amour sera « la principale affaire de sa vie », ses passions sont nombreuses et mouvementées. *De l'amour*, est publié en 1822, puis l'un de ses chefs-d'œuvre, *Le Rouge et le Noir*, en 1830. Le second, *La Chartreuse de Parme*, sera rédigé en sept semaines en 1838. Sa sensibilité romantique, sa quête incessante du bonheur ne l'empêchent pas de s'analyser sans complaisance et de porter un regard critique sur la société qui l'entoure.

Pour mieux comprendre

un précepteur : professeur particulier qui vit en général dans la famille qui l'a engagé.

frappé : impressionné, étonné.

la grâce : mélange de beauté, de charme et de bonté.

interdit : stupéfait, incapable de parler et de bouger.

fort près : très près, ils se touchaient presque.

un teint : couleur du visage, carnation.

se figurer : s'imaginer.

un prêtre : un homme d'Église, un curé.

gronder : disputer, réprimander, dire son mécontentement avec des mots durs.

fouetter : battre avec un fouet (instrument fait de lanières de cuir, utilisé pour faire avancer les chevaux).

Découverte

1 Qu'évoque pour vous le titre du roman d'où ce texte est extrait ?

2 Lisez le chapeau : repérez les personnages, leur âge, leur milieu social.

3 Pour quelle raison Julien vient-il chez les Rênal ?

4 Regardez le texte. Comment est-il composé ?

Exploration

1 Lisez la première réplique de Mme de Rênal. Que révèle-t-elle de la situation et du regard que la femme porte sur le jeune homme ?

2 Lisez tout le texte. Relevez ce que Julien remarque chez Mme de Rênal. Par quels procédés stylistiques Stendhal traduit-il l'étonnement du jeune homme ?

3 Relevez ce que Mme de Rênal remarque chez Julien. À votre avis, quel sentiment cela peut-il faire naître en elle ?

4 Retrouvez les expressions du texte qui décrivent la réaction de Mme de Rênal lorsqu'elle découvre le précepteur. Comment jugez-vous cette réaction ?

5 Soulignez la phrase qui commence par « Quoi, c'était là ce précepteur... ». Comment Mme de Rênal imaginait-elle le précepteur de ses enfants ? Qu'est-ce que cette pensée nous apprend sur ses rapports avec ses enfants ?

6 À votre avis, pourquoi le « mot de monsieur » étonne-t-il tellement Julien ?

7 Cet extrait présente la première rencontre entre un employé et son employeur. Pour vous, ce qui se passe entre les deux personnages correspond-il à ce type de situation ? Justifiez votre réponse.

Fantaisie

Il est un air pour qui je donnerais
Tout Rossini, tout Mozart et tout Weber,
Un air très vieux, languissant et funèbre,
Qui pour moi seul a des charmes secrets !

Or, chaque fois que je viens à l'entendre, 5
De deux cents ans mon âme rajeunit…
C'est sous Louis treize ; et je crois voir s'étendre
Un coteau vert, que le couchant jaunit.

Puis un château de brique à coins de pierre,
Aux vitraux teints de rougeâtres couleurs, 10
· Ceint de grands parcs, avec une rivière
Baignant ses pieds, qui coule entre les fleurs ;

Puis une dame, à sa haute fenêtre,
Blonde aux yeux noirs, en ses habits anciens,
Que, dans une autre existence, peut-être, 15
J'ai déjà vue - et dont je me souviens !

Gérard de Nerval, *Odelettes*, 1832-1853.

Gérard de Nerval

(Paris 1808-1855)
De son vrai nom Gérard Labrunie, Nerval passe son enfance dans le Valois et s'éveille à la poésie populaire. Il se passionne pour la littérature allemande qu'il traduit. Il est follement amoureux de l'actrice Jenny Colon, figure emblématique qui parcourt toute sa poésie. Poète voyageur, Nerval part en Orient en 1843 et il écrira *Voyage en Orient* (1851) et *Les Chimères* (1854). Il vit durant dix ans de petits métiers (journalisme, édition…). En 1853, il est interné dans la clinique du docteur Blanche mais sa « folie » lui laisse des moments de lucidité, d'où naîtront ses chefs-d'œuvre poétiques : *Petits châteaux de Bohème* (1853), des récits : *Sylvie* (1853), *Les Filles du feu* (1854), *Aurélia* (1855). On le découvre pendu près du Châtelet, dans la rue de la Vieille-Lanterne. Ses poèmes, ses récits développent une écriture poétique complexe où se mêlent la quête identitaire, le thème du rêve et de la folie, l'interrogation sur le sens de l'être.

Pour mieux comprendre

un air : la mélodie d'une chanson.
Rossini, Mozart, Weber : trois musiciens du XVIIIᵉ siècle (Weber se prononce « wèbre »).
languissant : qui manque d'énergie.
funèbre : qui a un rapport à la mort.
or : cependant.
Louis treize : dit Louis le Juste (1601-1643), roi de France et de Navarre.

un coteau : petite colline.
des vitraux (un vitrail) : panneaux des églises constitués de morceaux de verre colorés.
ceint : v. *ceindre*, entourer, encercler.
une odelette : petite ode (poème lyrique) destinée souvent à être chantée.

Découverte

1 Qu'évoque pour vous le titre « *Fantaisie* » ?

2 Observez la structure du poème. Que constatez-vous ?

3 Lisez le poème. Qui parle ? À votre avis, qui est-ce ?

4 Repérez les personnages. Qui sont-ils ?

Exploration

1 Dans la première strophe, qu'entend le poète ? Comment le qualifie-t-il ?

....

....

2 Strophe 2 : à chaque fois qu'il vient de l'entendre, que se passe-t-il en lui ? À quelle époque pense le poète ?

....

....

3 Quel sens ont les points de suspension au vers 6 ?

....

....

4 « Et je crois voir... » : comment se précise la vision du poète ? Pour répondre, appuyez-vous sur les vers 8, 9 et 13.

....

....

5 Dans la quatrième strophe, qui s'impose à la vision du poète ? De quels détails se souvient-il ?

....

....

6 Dans les deux derniers vers, comment Nerval passe-t-il d'une réalité présente à un passé « peut-être » rêvé ?

....

....

7 Nerval écrit que « le rêve est une seconde vie ». Après avoir lu *Fantaisie,* que pensez-vous de ce qu'il dit ?

....

....

....

Les caprices de Marianne

Marianne, dix-neuf ans, mariée à un vieux magistrat, est aimée de Coelio, le meilleur ami d'Octave. Celui-ci essaie de persuader Marianne de répondre à l'amour de Coelio mais c'est Octave qu'elle aime. Il envoie alors Coelio chercher un signe d'amour auprès de Marianne. Le mari le surprend et le tue.

ACTE II, Scène 6
Un cimetière
Octave et Marianne auprès d'un tombeau

OCTAVE

(…) Coelio était la bonne partie de moi-même ; elle est remontée au ciel avec lui. C'était un homme d'un autre temps ; il connaissait les plaisirs, et leur préférait la solitude ; il savait combien les illusions sont trompeuses, et il préférait ses illusions à la réalité. Elle eût été heureuse, la femme qui l'eût aimé. 5

MARIANNE

Ne serait-elle point heureuse, la femme qui t'aimerait ?

OCTAVE

Je ne sais point aimer ; Coelio seul le savait. La cendre que renferme cette tombe est tout ce que j'ai aimé sur la terre, tout ce que j'aimerai. Lui seul savait verser dans une autre âme toutes les sources de bonheur qui reposaient dans la sienne. Lui seul était capable d'un dévouement 10 sans bornes ; lui seul eût consacré sa vie entière à la femme qu'il aimait, aussi facilement qu'il aurait bravé la mort pour elle. Je ne suis qu'un débauché sans cœur ; je n'estime point les femmes ; l'amour que j'inspire est comme celui que je ressens, l'ivresse passagère d'un songe. Je ne sais pas les secrets qu'il savait. Ma gaieté est comme le masque d'un 15 histrion ; mon cœur est plus vieux qu'elle, mes sens blasés n'en veulent plus. Je ne suis qu'un lâche ; sa mort n'est point vengée.

Alfred de Musset, *Les caprices de Marianne*, pièce en deux actes, 1833.

Alfred de Musset

(Paris 1810-1857)
Après de brillantes études, il fréquente très jeune les milieux romantiques. C'est le plus parisien des poètes français. Il chérit Paris, ses théâtres, ses cafés à la mode. Considéré comme un jeune poète prodige, il préfère vivre à sa fantaisie plutôt que tout sacrifier à l'ambition littéraire. En 1830, il écrit *les Contes d'Espagne et d'Italie*. *Les caprices de Marianne* paraissent en 1833, au moment de sa passion tumultueuse avec George Sand. Puis en 1834, *Fantasio, On ne badine pas avec l'amour* et *Lorenzaccio* (théâtre). Brisé par la rupture avec l'écrivaine, il chante sa souffrance dans ses poèmes romantiques, *La Nuit de Mai, La Nuit de Décembre* (1835), et un roman, les *Confessions d'un enfant du siècle* (1836). Il meurt à quarante-sept ans, usé par l'alcool et les plaisirs.

Pour mieux comprendre

un cimetière : lieu où l'on enterre les morts.
eût été : v. *être* au conditionnel passé passif deuxième forme (*aurait été* en français moderne).
la cendre : la poussière d'un corps (sens métaphorique).
les sources du bonheur : les origines du bonheur.
un dévouement : action de sacrifier sa vie à quelqu'un (sens métaphorique d'*amour*).
une borne : limite (sens métaphorique).
consacrer : dédier, donner.

braver : s'opposer avec courage.
un débauché : qui vit dans le vice et le péché.
une ivresse : état causé par trop d'alcool ; (sens métaphorique d'*exaltation*).
un songe : un rêve.
un histrion : acteur comique de l'Antiquité ; ici, un clown.
blasé : qui a perdu toute émotion, indifférent, fatigué.
un lâche : qui manque de courage.
venger : réparer une offense en punissant, réclamer justice.

Découverte

1 Lisez le chapeau. Présentez les trois personnages principaux. Qui vient de mourir ?

2 Où se passe la scène ? Pouvez-vous imaginer l'époque ?

3 Lisez la première phrase d'Octave. Que veut-il dire sur lui-même ?

4 Lisez la première phrase de la deuxième réplique d'Octave. Qu'est-ce qui oppose les deux amis ?

Exploration

1 Lisez le texte. À l'aide de la première réplique d'Octave, notez pourquoi Coelio aurait rendu une femme heureuse.

....

....

2 À quelle femme pense Marianne dans sa question ?

....

....

3 Dans la deuxième tirade d'Octave, soulignez « lui seul » et dites qui est ce personnage.

....

....

4 Quelles sont les qualités qu'attribue Octave à ce personnage ?

....

....

5 « Je ne suis qu'un débauché sans cœur ». Comment se présente Octave ?

....

....

6 À l'aide des mots et expressions dont se sert Octave pour se juger, faites son portrait. Que ressentez-vous à la description qu'il fait de lui-même ?

....

....

....

7 À travers Coelio et Octave, Musset illustre deux tendances opposées de l'amour. Que pensez-vous de ces deux visions différentes ?

....

....

....

Le Père Goriot

En 1819, Goriot est un ancien fabricant de pâtes (vermicelier) ; ruiné et condamné à la misère, il vit dans une pension à Paris.

Quand le père Goriot parut pour la première fois sans être poudré, son hôtesse laissa échapper une exclamation de surprise en apercevant la couleur de ses cheveux : ils étaient d'un gris sale et verdâtre. Sa physionomie que des chagrins secrets avaient insensiblement rendue plus triste de jour en jour, semblait la 5
plus désolée de toutes celles qui garnissaient la table… Quand son trousseau fut usé, il acheta un calicot à quatorze sous l'aune pour remplacer son beau linge. Ses diamants, sa tabatière d'or, sa chaîne, ses bijoux disparurent un à un. Il avait quitté l'habit bleu barbeau, tout son costume cossu, pour porter, été comme hiver, une redin- 10
gote de drap marron grossier, un gilet en poil de chèvre et un pantalon gris en cuir de laine. Il devint progressivement maigre ; ses mollets tombèrent ; sa figure, bouffie par le contentement d'un bonheur bourgeois, se rida démesurément ; son front se plissa, sa mâchoire se dessina. Durant la quatrième année de son établissement rue 15
Neuve-Sainte-Geneviève, il ne se ressemblait plus. Le bon vermicelier de soixante-deux ans qui ne paraissait pas en avoir quarante, le bourgeois gros et gras, frais de bêtise, dont la tenue égrillarde réjouissait les passants, qui avait quelque chose de jeune dans le sourire, semblait être un septuagénaire hébété, vacillant, blafard. Ses 20
yeux bleus si vivaces prirent des teintes ternes et gris de fer ; ils avaient pâli, ne larmoyaient plus, et leur bordure rouge semblait pleurer de sang. Aux uns il faisait horreur ; aux autres il faisait pitié.

Honoré de Balzac, *Le Père Goriot*, 1834-1835.

Honoré de Balzac

(Tours 1799 – Paris 1850). Sa famille appartient à la petite bourgeoisie. À Paris, il étudie le droit mais se passionne pour la philosophie. Il affirme très tôt sa vocation littéraire mais sa première œuvre : *Cromwell*, est un échec. À vingt-deux ans, il rencontre Madame de Berny, qui l'aide à se lancer dans les affaires. Celles-ci sont désastreuses. Pour payer ses dettes, il recommence à écrire, cette fois avec succès : *Les Chouans* (1829), puis *La peau de chagrin* (1831), *Eugénie Grandet* (1833), *Le Père Goriot* (1834-1835). Son œuvre est considérable : *La Comédie humaine*, description méticuleuse de la société de son temps, embrasse une période historique qui va de 1789 à 1850 (plus de 90 romans et 2 000 personnages). À partir de 1833, il correspond avec Madame Hanska, une riche admiratrice polonaise avec laquelle il se marie le 14 mars 1850. Il meurt peu après, épuisé par les soucis et le travail.

Pour mieux comprendre

Les temps des verbes : le passé simple (**parut** : v. *paraître* ; **laissa** : v. *laisser* ; **acheta** : v. *acheter* ; **disparurent** : v. *disparaître* ; **devint** : v. *devenir* ; **tombèrent** : v. *tomber* ; **se rida** : v. *se rider* ; **se plissa** : v. *se plisser*, avoir des lignes profondes ; **se dessina** : v. *se dessiner* ; **prirent** : v. *prendre*) ; le passé antérieur, formé à partir d'*être* ou *avoir* au passé simple (**fut usé** : v. *user*).
poudré : la poudre mise sur les cheveux est une marque de distinction sociale.
une hôtesse : propriétaire de la pension.
verdâtre : couleur proche du vert sale.
insensiblement : doucement.
celles qui garnissaient : les personnes qui se trouvaient à table (v. *garnir*).

un trousseau : le linge, les vêtements.
un calicot : tissu en coton peu cher.
l'aune : ancienne mesure (1,20 m).
barbeau : nom familier d'une fleur, le bleuet.
cossu : riche.
une redingote : longue veste.
se rider démesurément : la peau prend des plis très profonds, signes de vieillesse.
tenue égrillarde : comportement joyeux.
un septuagénaire : qui a soixante-dix ans.
hébété : stupide, abruti.
vacillant : qui manque d'équilibre.
blafard : sans couleur, pâle.
des teintes ternes : des couleurs pâles, tristes, sans éclat.

Découverte

1 Présentez le personnage à partir des informations contenues dans le chapeau.

2 Pouvez-vous imaginer le genre de vie du personnage ?

3 Lisez la première phrase : qu'apprenez-vous sur le personnage ?

4 Dans la dernière phrase du texte, quel effet produit Goriot sur les gens qui le rencontrent ?

Exploration

1 Lisez le texte et repérez toutes les indications de temps.

....

....

2 De « ses diamants… » à « …de laine », relevez les objets qui montrent que Goriot était un homme riche. Que sont-ils devenus ?

....

....

3 « Il devint… sa mâchoire se dessina » : notez les transformations des parties du corps du personnage. Auparavant, comment était son visage ?

....

....

4 Faites le portrait du père Goriot au moment de son bonheur bourgeois. Quelle image Balzac donne-t-il du bourgeois ?

....

....

5 Quels sont les adjectifs qui qualifient l'état du père Goriot misérable ? Quels moyens stylistiques Balzac utilise-t-il pour opposer les deux périodes de sa vie ?

....

....

6 Revenez à la deuxième phrase de l'extrait : « Sa physionomie… table ». À votre avis, quels peuvent être les « chagrins secrets » du père Goriot ? Quels sentiments éprouvez-vous pour cet homme ?

....

....

7 Goriot a dépensé toute sa fortune pour faire le bonheur de ses filles. Balzac le nomme « le Christ de la paternité ». Qu'évoque pour vous l'association de ces deux mots ? Qu'en pensez-vous ?

....

....

Les trois Mousquetaires

En 1625, d'Artagnan, gentilhomme de dix-huit ans, quitte sa province du Sud-Ouest pour Paris. Il veut servir dans les rangs des mousquetaires, les cavaliers d'élite du roi Louis XIII. En sortant de chez M. de Tréville, capitaine des mousquetaires, il prend un long chemin.

XI
L'INTRIGUE SE NOUE

S a visite faite à M. de Tréville, d'Artagnan prit, tout pensif, le plus long pour rentrer chez lui.

À quoi pensait d'Artagnan, qu'il s'écartait ainsi de sa route, regardant les étoiles du ciel, et tantôt soupirant, tantôt souriant ?

Il pensait à Mme Bonacieux. Pour un apprenti-mousquetaire, la 5
jeune femme était presque une idéalité amoureuse. Jolie, mystérieuse, initiée à presque tous les secrets de cour, qui reflétaient tant de charmante gravité sur ses traits gracieux, elle était soupçonnée de n'être pas insensible, ce qui est un attrait pour les amants novices ;
de plus, d'Artagnan l'avait délivrée des mains de ces démons qui 10
voulaient la fouiller et la maltraiter, et cet important service avait établi entre elle et lui un de ces sentiments de reconnaissance qui prennent si facilement un plus tendre caractère.

D'Artagnan se voyait déjà, tant les rêves marchent vite sur les ailes de l'imagination, accosté par un messager de la jeune femme qui lui remet- 15
tait quelque billet de rendez-vous, une chaîne d'or ou un diamant. Nous avons dit que les jeunes cavaliers recevaient sans honte de leur roi ; ajoutons qu'en ce temps de facile morale, ils n'avaient pas plus de vergogne à l'endroit de leurs maîtresses, et que celles-ci leur laissaient toujours de précieux et durables souvenirs, comme si elles eussent essayé de 20
conquérir la fragilité de leurs sentiments par la solidité de leurs dons.

On faisait alors son chemin par les femmes sans en rougir. (…)

Alexandre Dumas, *Les trois Mousquetaires*, paru sous forme de feuilleton
dans le journal *Le Siècle* en 1844.

Alexandre Dumas

(Alexandre Davy de la Pailleterie, Villers-Cotterêts, 1802 – Puys, 1870) Métis, petit fils d'une esclave noire de Saint-Domingue et d'un gentilhomme colonialiste, il sera toujours confronté à ses origines dans le regard des autres. Son père, général de Napoléon Iᵉʳ, meurt quand l'enfant a trois ans. À quatorze ans, il est clerc de notaire puis, à vingt ans, arrive à Paris et découvre le théâtre.
Il fréquente le *Cénacle* des romantiques où il rencontre Victor Hugo, Lamartine, Musset, Balzac. Il s'oppose au formalisme classique. *Henri III et sa cour* (1829), sa première pièce, et *Kean* (1836), remportent le succès qui ne le quittera plus. On lui reproche d'écrire ses grands romans historiques, aidé de collaborateurs. *Les trois Mousquetaires, Le Comte de Monte-Cristo, La Reine Margot* (1844) sont écrits parallèlement et paraissent dans la presse sous forme de feuilletons.
En 2002, deux siècles après sa naissance, la République répare une injustice en l'accueillant au Panthéon.

Pour mieux comprendre

une idéalité : la perfection.
initié(e) aux secrets de cour : qui connaît les secrets des personnes qui vivent près du roi.
les traits : les aspects du visage.
elle était soupçonnée : elle était supposée.
un amant novice : un amoureux débutant.
un démon : un diable ; ici les hommes qui ont agressé Mme Bonacieux.
établi : v. *établir*, construire.
accosté : abordé, approché par.

recevaient sans honte de leur roi : au XVIIᵉ siècle, un gentilhomme acceptait sans gêne, de la main à la main, de l'argent du roi.
la vergogne : honte, pudeur.
à l'endroit de : vis-à-vis de, avec.
eussent essayé : subjonctif plus-que-parfait du v. *essayer*.
conquérir : dominer, gagner.
faire son chemin : progresser socialement.
un don : un cadeau.

Découverte

1 À l'aide du chapeau, présentez l'époque et le lieu, le héros et la situation.

2 Ce texte est extrait du roman *Les trois Mousquetaires*. Connaissez-vous cette œuvre ? Expliquez le mot « mousquetaire ».

3 Lisez les deux premières phrases. Dans quel état d'esprit est d'Artagnan ? Où est-il ? Que fait-il ?

4 Faites des hypothèses sur les pensées du jeune héros.

Exploration

1 Lisez le texte. À qui pense d'Artagnan ?

....

2 Troisième paragraphe : relevez les mots et expressions concernant l'héroïne et faites son portrait. Dans quelles circonstances a-t-elle rencontré d'Artagnan ?

....

....

....

3 Deuxième phrase du même paragraphe : que représente la jeune femme pour le jeune mousquetaire ? Comment Dumas parle-t-il de son héros ?

....

....

4 Soulignez la phrase commençant par : « D'Artagnan se voyait déjà… ». Qu'est-ce que Dumas nous apprend sur la personnalité du jeune homme ?

....

....

5 Quatrième paragraphe : soulignez « Nous avons dit » et « ajoutons ». Qui parle ici ? Que signifie ce choix d'écriture chez Dumas ?

....

....

6 « Les jeunes cavaliers recevaient…, ils n'avaient pas plus de vergogne… ». Que faisaient, sans aucune gêne, les jeunes chevaliers du XVIIe siècle ? Quel jugement Dumas porte-t-il sur ce siècle ?

....

....

7 « On faisait alors son chemin par les femmes sans en rougir ». Comment comprenez-vous cette phrase ? Dites ce que vous en pensez.

....

....

La mare au diable

George Sand

(Paris, 1804 – Nohant, 1876)
Après une enfance libre à Nohant, dans la campagne, Aurore Dupin se marie avec le baron Dudevant dont elle se sépare en 1831. Elle vient chercher la gloire littéraire à Paris et prend le pseudonyme masculin de George Sand en 1832 pour son premier roman, *Indiana*. Suivent *Valentine*, *Lélia* (1833). Ces romans féministes la rendent célèbre. De 1833 à 1835, une passion tumultueuse l'attache à Musset. Après leur rupture, elle s'intéresse à la politique sociale. De 1836 à 1847, elle aime Chopin, musicien polonais. Elle s'enthousiasme pour la révolution de 1848 mais est déçue par Napoléon III pendant le Second Empire. Ses célèbres romans champêtres : *La Mare au Diable* (1846), *La Petite Fadette* (1848), *François le Champi* (1849), chantent la campagne comme idéal de calme et de rêverie. C'est l'une des premières femmes écrivaines reconnues de son époque, dans un monde littéraire misogyne. Par ses idées féministes, elle est en filiation avec Simone de Beauvoir, auteure du XXᵉ siècle.

Ces richesses qui couvrent le sol, ces moissons, ces fruits, ces bestiaux orgueilleux qui s'engraissent dans les longues herbes, sont la propriété de quelques-uns et les instruments de la fatigue et de l'esclavage du plus grand nombre. L'homme de loisir n'aime en général pour eux-mêmes, ni les champs, ni les prairies, ni le spectacle de la nature, ni les animaux superbes qui doivent se convertir en pièces d'or pour son usage. L'homme de loisir vient chercher un peu d'air et de santé, puis il retourne dépenser dans les grandes villes le fruit du travail de ses vassaux. 5

De son côté, l'homme de travail est trop accablé, trop malheureux, et trop effrayé de l'avenir, pour jouir de la beauté des campagnes et des champs de la vie rustique. Pour lui aussi les champs dorés, les belles prairies, les animaux superbes, représentent des sacs d'écus dont il n'aura qu'une faible part, insuffisante à ses besoins, et que, pourtant, il faut remplir, chaque année, ces sacs maudits, pour satisfaire le maître et payer le droit de vivre parcimonieusement et misérablement sur son domaine. 10 15

George Sand, *La mare au diable*, chapitre 2, *Le labour*, 1846.

Pour mieux comprendre

une moisson : travail agricole, récolte des céréales (blé).

des bestiaux : vaches, bœufs, ensemble des animaux (le *bétail*, une *bête*, un *troupeau*).

(s') engraisser : grossir ; les bestiaux grossissent grâce à l'herbe des prairies.

un esclavage : état d'esclave (personne qui est sous la puissance absolue d'un maître, qui est la propriété d'un autre homme).

un loisir : temps pour faire ce que l'on veut, librement, sans obligations (le *repos*, une *distraction*, un *amusement*).

une prairie : terre où poussent des herbes pour la nourriture des bestiaux, des vaches, (un *pré*, un *pâturage*).

se convertir : se transformer, se changer.

un vassal, des vassaux : au Moyen Âge, homme dépendant d'un seigneur, d'un roi qui lui donnait des terres. En français moderne, un valet, un serviteur, un homme considéré comme inférieur.

accablé : surchargé, écrasé de fatigue et humilié.

rustique : de la campagne, des champs, campagnard, simple et peu raffiné.

un écu : une ancienne pièce de monnaie en or.

maudit : rejeté, condamné par Dieu, l'homme ou la société ; détestable.

parcimonieusement : avec économie, en faisant attention aux dépenses, pauvrement.

un domaine : terre possédée par un propriétaire ou un maître.

le labour : le travail pour retourner la terre afin de semer les graines.

Découverte

1 Quel est le titre du chapitre dont est extrait le texte et quelle est la date de parution de l'œuvre ? Imaginez le sujet du texte.

2 Lisez la première phrase à l'aide de *Pour mieux comprendre*. Quel est l'endroit évoqué ?

3 Que trouve-t-on et que fait-on à cet endroit ? Quel est l'effet de cette énumération ?

4 Selon vous, qui sont les « quelques-uns » et le « plus grand nombre » ? Aidez-vous des mots « propriété » et « esclavage ».

Exploration

1 Lisez la suite du premier paragraphe. Qui est l'homme de loisir ? Notez ce qu'il vient chercher, lui qui n'aime ni les champs, ni les prairies pour ce qu'ils sont (« *pour eux-mêmes* »).

....

....

2 « Le fruit du travail de ses vassaux » : comment comprenez-vous cette expression ? Que fait l'homme de loisir du fruit de ce travail ?

....

....

3 Lisez la première phrase du deuxième paragraphe. Relevez l'expression qui s'oppose à l'homme de loisir.

....

4 Dans cette même phrase, quel effet provoque la répétition de « trop » ?

....

5 En quoi s'opposent ces deux types d'hommes ?

....

....

6 Lisez la phrase finale du texte et relevez la partie qui reprend presque à l'identique une phrase du premier paragraphe. Quels mots ont été rajoutés par George Sand ? Que veut-elle faire ressentir ?

....

....

....

7 Relisez tout le texte et dites ce que vous pensez de la vision de George Sand sur la France agricole du XIXe siècle. Lisez le texte d'Émile Zola.

....

....

Mémoires d'Outre-Tombe

Chateaubriand raconte un souvenir d'enfance : il joue avec ses camarades, sous la surveillance d'un prêtre qui s'est éloigné pour lire. Une seule chose est strictement interdite aux enfants : monter aux arbres.

Des ormes bordaient le chemin : tout à la cime du plus grand, brillait un nid de pie : nous voilà en admiration, nous montrant mutuellement la mère assise sur ses œufs, et pressés du plus vif désir de saisir cette superbe proie. Mais qui oserait tenter l'aventure ? L'ordre était si sévère, le régent si près, l'arbre si haut ! 5
Toutes les espérances se tournent vers moi ; je grimpais comme un chat. J'hésite, puis la gloire l'emporte : je me dépouille de mon habit, j'embrasse l'orme et je commence à monter. Le tronc était sans branches, excepté aux deux tiers de sa crue, où se formait une fourche dont une des pointes portait le nid. 10
Mes camarades, assemblés sous l'arbre, applaudissent à mes efforts, me regardant, regardant l'endroit d'où pouvait venir le préfet, trépignant de joie dans l'espoir des œufs, mourant de peur dans l'attente du châtiment. J'aborde au nid, la pie s'envole ; je ravis les œufs, je les mets dans ma chemise et redescends. Malheureusement, je me laisse 15
glisser entre les tiges jumelles et j'y reste à califourchon. L'arbre étant élagué, je ne pouvais appuyer mes pieds ni à droite ni à gauche pour me soulever : je demeure suspendu en l'air à cinquante pieds. Tout à coup un cri : « Voici le préfet ! »

François-René de Chateaubriand, *Mémoires d'Outre-Tombe*,
(1ʳᵉ partie, Livre 2ᵉ, chap. 6) 1848-1850.

Chateaubriand

(Saint-Malo, 1768 – Paris, 1848)
Il passe une adolescence triste au château de Combourg, en Bretagne. La Révolution interrompt sa carrière militaire. Après cinq mois de voyage en Amérique (1791), il rentre en France, mais sa fidélité au roi l'oblige à s'exiler en Angleterre (1792-1800). Son existence se partage ensuite entre une carrière politique importante (monarchiste modéré, il sera ministre de l'Intérieur sous Louis XVIII, ambassadeur à Berlin, à Londres, ministre des Affaires étrangères…), des voyages (la Grèce, Jérusalem, l'Égypte, la Tunisie, l'Espagne…) et la création littéraire. *Atala* (1801) connaît un grand succès. Mi-autobiographie, mi-fiction, *René* (1802) analyse ce « mal du siècle » fait d'ennui, de désespoir et d'exaltation, préfigurant le romantisme. La même année paraît *Le Génie du Christianisme* puis, en 1809, *Les Martyrs*. L'écrivain est élu à L'Académie française en 1811. *Mémoires d'Outre-Tombe*, récit autobiographique, à la fois lyrique et épique, est un ouvrage posthume.

Pour mieux comprendre

outre-tombe : l'au-delà, après la mort.
un orme : variété de grand arbre.
la cime : le haut de l'arbre, le sommet, le faîte.
une pie : oiseau noir et blanc, avec une longue queue. On dit que la pie est voleuse.
le régent : le prêtre qui dirige une classe.
le préfet est chargé de surveiller les enfants. Ici, le prêtre est à la fois régent et préfet.
la gloire l'emporte : le fait d'être admiré est plus fort que tout.
la crue : la hauteur de l'arbre.

une fourche : outil pour les travaux agricoles, formé d'un long manche et de deux ou plusieurs dents en bois ou en métal. Dans le texte, c'est une branche qui forme une fourche. L'image est reprise par « les tiges jumelles ».
à califourchon : avoir les jambes de chaque côté du siège sur lequel on est assis ; on peut être à califourchon sur un cheval, sur un banc.
élagué : les branches de l'arbre sont coupées.
un pied : ancienne unité de mesure de longueur ; un pied = 0,32 mètre.

Découverte

1 En vous aidant de *Pour mieux comprendre*, quelles hypothèses pouvez-vous faire sur le titre de l'œuvre dont est extrait ce passage ?

2 Lisez le chapeau : relevez les personnages en présence, ce qu'ils font et l'interdiction posée.

3 Après la lecture du chapeau, quel peut être le sujet de l'extrait proposé ?

4 Soulignez les cinq premiers mots des trois paragraphes du texte. Construisez un mini-scénario à partir de ces débuts de phrases.

Exploration

1 Lisez le texte. Dans la première phrase, le verbe « briller » n'est pas employé dans son sens habituel. Comment le comprenez-vous ici ? (Aidez-vous de la fin de la phrase).

....

....

2 Retrouvez les deux phrases qui traduisent l'hésitation des enfants. Par quels moyens grammaticaux et stylistiques Chateaubriand nous fait-il sentir leur hésitation ?

....

....

3 « …je commence à monter. » Quelles sont les deux raisons qui expliquent la décision du narrateur ? Que nous apprennent-elles de Chateaubriand enfant ?

....

....

4 Lisez la dernière phrase de ce paragraphe. Dessinez l'arbre.

....

....

5 Relisez le deuxième paragraphe : repérez un adverbe qui signale un changement de situation. Que fait le narrateur juste avant ce changement ? Que lui arrive-t-il après ?

....

....

6 Ce texte raconte une anecdote passée ; cependant, Chateaubriand utilise à la fois l'imparfait et le présent ; quel effet recherche-t-il dans l'alternance des temps ?

....

....

7 Appuyez-vous sur la dernière phrase et imaginez la suite du récit.

....

....

Les séparés

N'écris pas. Je suis triste, et je voudrais m'éteindre.
Les beaux étés sans toi, c'est l'amour sans flambeau.
J'ai refermé mes bras qui ne peuvent t'atteindre,
Et frapper à mon cœur, c'est frapper au tombeau.
        N'écris pas !   5

N'écris pas. N'apprenons qu'à mourir à nous-mêmes.
Ne demander qu'à Dieu… qu'à toi, si je t'aimais !
Au fond de ton absence écouter que tu m'aimes,
C'est entendre le ciel sans y monter jamais.
        N'écris pas !   10

N'écris pas. Je te crains ; j'ai peur de ma mémoire ;
Elle a gardé ta voix qui m'appelle souvent.
Ne montre pas l'eau vive à qui ne peut la boire.
Une chère écriture est un portrait vivant.
        N'écris pas !   15

N'écris pas ces doux mots que je n'ose plus lire :
Il semble que ta voix les répand sur mon cœur ;
Que je les vois brûler à travers ton sourire ;
Il semble qu'un baiser les empreint sur mon cœur.
        N'écris pas !   20

Marceline Desbordes-Valmore, *Œuvres poétiques*, Presses universitaires de Grenoble, 1973. (Texte publié pour la première fois en 1860).

Marceline Desbordes-Valmore

(Douai, 1786 – Paris, 1859)
Son père, peintre d'enseignes, est ruiné au moment de la Révolution française. Marceline et sa mère partent pour la Guadeloupe, demander l'aide d'une parente fortunée. Mais sur l'île sévit la fièvre jaune dont mourront sa cousine et sa mère. De retour en France, elle devient comédienne et épouse Prosper Lanchantin, dit Valmore, lui-même comédien. Elle quitte le théâtre en 1823 et se consacre entièrement à l'écriture, dans laquelle on retrouve les échos d'une passion malheureuse pour un homme de lettres, Henri de Latouche. Elle écrit des poésies : *Élégies* (1819), *Les pleurs* (1833), *Pauvres fleurs* (1839), *Bouquets et prières* (1843) et des récits pour enfants. Femme sensible et passionnée, elle a été peu épargnée par la vie : difficultés matérielles, peines de cœur, deuils (elle perdra quatre enfants). Baudelaire, Verlaine et Breton ont rendu hommage à sa poésie triste et mélancolique.

Pour mieux comprendre

m'éteindre : v. *s'éteindre*, mourir.
un flambeau : un objet qui brûle et qui sert à éclairer.
atteindre : parvenir jusqu'à un lieu, un but.
un tombeau : tombe, sépulture, lieu où l'on enterre les morts.

crains : v. *craindre*, avoir peur de quelqu'un ou de quelque chose.
vive : vivante. L'eau est en mouvement.
chère : que l'on aime, que l'on chérit.
répand : v. *répandre*, étendre, diffuser.
empreint : v. *empreindre*, marquer, imprimer une trace.

Découverte

1 Repérez le titre de ce poème et dites quel en est le thème.

2 Regardez le poème : quelle est sa composition ? Quelles remarques pouvez-vous faire ?

3 Repérez les répétitions. À qui s'adresse la poétesse ? Que demande-t-elle ? Quel est le rôle de ces répétitions ?

4 Que pensez-vous de la demande de la poétesse ?

Exploration

1 Lisez tout le poème. Que ressentez-vous ?

....

2 Première strophe : relevez les mots et expressions qui évoquent la mort. Quelle sensation crée cette évocation dès le début du poème ?

....

....

3 « N'apprenons qu'à mourir à nous-mêmes » : comment comprenez-vous cette partie du poème ?

....

....

4 Troisième strophe : pourquoi la poétesse demande-t-elle de ne pas lui écrire ? Que pensez-vous de ses motifs ?

....

....

5 Quatrième strophe, premier vers : quel changement apparaît dans l'utilisation de « N'écris pas » ? Quels sont « ces doux mots » que la poétesse « n'ose plus lire » ? Quels détails ces mots évoquent-ils de l'être aimé ? Comment comprenez-vous cette strophe ?

....

....

6 Comptez le nombre de pieds (syllabes) par vers. Repérez l'organisation des rimes. Reliez ce que vous trouvez avec la composition du poème. Comment analysez-vous les choix formels de l'auteure ?

....

....

7 Marceline Desbordes-Valmore demande : « N'écris pas ! », mais elle, cependant, écrit. Comment ressentez-vous cette contradiction ?

....

I
L'Étranger

– Qui aimes-tu le mieux, homme énigmatique, dis ? ton père, ta mère, ta sœur ou ton frère ?

– Je n'ai ni père, ni mère, ni sœur, ni frère.

– Tes amis ?

– Vous vous servez là d'une parole dont le sens m'est resté jusqu'à ce jour inconnu.   5

– Ta patrie ?

– J'ignore sous quelle latitude elle est située.

– La beauté ?

– Je l'aimerais volontiers, déesse et immortelle.   10

– L'or ?

– Je le hais comme vous haïssez Dieu.

– Eh ! qu'aimes-tu donc, extraordinaire étranger ?

– J'aime les nuages… les nuages qui passent… là-bas… les merveilleux nuages !   15

Charles Baudelaire, *Petits poèmes en prose*, 1862.

Charles Baudelaire

(Paris 1821-1867)
Critique d'art et de musique, traducteur d'Edgar Poe, chef de file du symbolisme, Baudelaire fut avant tout « le premier Voyant, rois des poètes, un vrai Dieu », selon Rimbaud. Il est né d'une mère de vingt-sept ans et d'un père de soixante-deux ans, qui meurt quand il a sept ans. Sa mère se remarie un an plus tard, l'enfant se révolte contre ce mariage et il est placé en pension. C'est le début de la solitude et du rejet de sa famille. Malgré des études brillantes, il est exclu du lycée. Sa vie de dandy désespère sa famille qui l'envoie à l'île Maurice et à La Réunion (1841-1842). Il en gardera le goût de l'exotisme et aimera Jeanne Duval, *la Vénus noire*. Son œuvre poétique majeure, *Les Fleurs du Mal* (1857), écrite sur quinze ans, condamnée pour immoralité, constitue une révolution dans l'art poétique. En 1862, il publie les *Petits poèmes en prose*.
Il meurt paralysé à 46 ans.

Pour mieux comprendre

énigmatique : mystérieux.
la patrie : la nation.
hais : v. *haïr*, avoir en horreur, détester fortement.

un nuage : vapeur d'eau condensée dans le ciel.
une déesse : féminin de dieu, divinité.

Découverte

1 Observez ce texte. Que constatez-vous ?

2 Quel est le titre du recueil d'où est extrait ce texte ? Que remarquez-vous ?

3 À quel endroit du recueil est placé le texte *L'Étranger* ?

4 Imaginez qui est *L'Étranger*.

Exploration

1 Lisez le texte. Qui parle et à qui ?

....

....

2 Comment l'étranger est-il perçu ?

....

....

3 Quel est le thème des trois premières questions ? D'après les réponses de l'étranger, qu'en déduisez-vous ?

....

....

4 Quel temps est utilisé pour la réponse sur la beauté ? Comment l'interprétez-vous ?

....

....

5 Qu'apprenez-vous sur l'étranger à la cinquième réponse ?

....

....

6 Comment l'étranger répond-il à ces cinq premières questions ? (Formes, verbes, lexique, etc.)

....

....

7 Comment interprétez-vous la sixième réponse ?

....

....

8 Selon vous, qui est *L'Étranger* pour Baudelaire ? Que pensez-vous de ce petit poème en prose ?

....

....

Les Misérables

La patronne de l'auberge de Montfermeil, la Thénardier, femme méchante et cruelle, envoie Cosette, petite fille de huit ans qui lui a été confiée, chercher de l'eau. Il fait nuit…

Quand elle eut passé l'angle de la dernière maison, Cosette s'arrêta. Aller au-delà de la dernière boutique, cela avait été difficile ; aller plus loin que la dernière maison, cela devenait impossible. Elle posa le seau à terre, plongea sa main dans ses cheveux et se mit à se gratter lentement la tête, geste propre aux 5 enfants terrifiés et indécis. Ce n'était plus Montfermeil, c'étaient les champs. L'espace noir et désert était devant elle. Elle regarda avec désespoir cette obscurité où il n'y avait plus personne, où il y avait des bêtes, où il y avait peut-être des revenants. Elle regarda bien, et elle entendit les bêtes qui marchaient dans l'herbe, et elle vit distinc- 10 tement les revenants qui remuaient dans les arbres. Alors elle ressaisit le seau, la peur lui donna de l'audace : – *Bah !* dit-elle, *je lui dirai qu'il n'y avait plus d'eau !* – Et elle rentra résolument dans Montfermeil.

À peine eut-elle fait cent pas qu'elle s'arrêta encore, et se remit à se 15 gratter la tête. Maintenant, c'était la Thénardier qui lui apparaissait ; la Thénardier hideuse avec sa bouche d'hyène et la colère flamboyante dans les yeux. L'enfant jeta un regard lamentable en avant et en arrière. Que faire ? Que devenir ? Où aller ? Devant, le spectre de la Thénardier ; derrière, tous les fantômes de 20 la nuit et des bois. Ce fut devant la Thénardier qu'elle recula. Elle reprit le chemin de la source et se mit à courir. Elle sortit du village en courant, elle entra dans le bois en courant, ne regardant plus rien, n'écoutant plus rien. Elle n'arrêta sa course que lorsque la respiration lui manqua, mais elle n'interrompit pas sa marche. Elle 25 allait devant elle, éperdue.

Victor Hugo, *Les Misérables*, Livre troisième, chapitre V, 1862.

Victor Hugo

(Besançon, 1802 – Paris, 1885)
C'est le chef de file du romantisme. Son œuvre immense frappe par sa puissance créatrice.

Écrivain précoce, il fait paraître en 1822 son premier recueil de poésies, *Odes*. Le 25 juillet 1830, la représentation d'*Hernani* déclenche la bataille entre Classiques et Romantiques. Paraissent ensuite *Notre-Dame de Paris* (1831), *Lucrèce Borgia* (1833), *Ruy Blas* (1838) et quatre recueils de poésies. En 1841, il est élu à L'Académie française. La mort de sa fille Léopoldine, en 1843, le plonge dans le désespoir. Il se bat pour l'abolition de l'esclavage et de la peine de mort. Opposé au coup d'État de Napoléon III en 1851, il part en exil à Jersey et Guernesey jusqu'en 1870. Il y écrit *Les châtiments* (1853), *Les contemplations* (1856), *La légende des siècles* (1859-1883), *Les Misérables* (1862), *Les Travailleurs de la mer* (1866), *L'homme qui rit* (1869). Un hommage national lui est rendu pour son 80ᵉ anniversaire.

Pour mieux comprendre

terrifié : rempli de terreur, de peur.
indécis : qui ne sait pas quoi faire.
un revenant : un mort qui revient sur terre; apparition, fantôme, *spectre*.
l'audace : un grand courage.
résolument : d'une manière décidée.
hideux, hideuse : d'une horrible laideur, qui fait peur.

une hyène : animal sauvage qui se nourrit d'animaux morts.
flamboyant : qui lance des flammes, qui brûle.
un spectre : apparition effrayante d'un mort.
éperdu(e) : complètement perdu(e), affolé(e).

Découverte

1 Dans le chapeau, repérez les personnages, leurs caractéristiques et les indices de lieu et de temps.

2 Qu'est-ce que la petite fille doit faire ?

3 Ce texte est extrait du roman *Les Misérables*. Connaissez-vous cette œuvre ? Que vous inspire ce titre ?

4 Lisez la première phrase de chaque paragraphe. Où se trouve Cosette ? Que fait-elle ?

5 Lisez la dernière phrase de l'extrait : finalement, que fait la petite fille ?

Exploration

1 Premier paragraphe, deuxième phrase : par quels effets de style Victor Hugo montre-t-il la difficulté dans laquelle se trouve la petite fille ?

....

....

2 Troisième phrase : de quel type d'enfants fait partie Cosette ?

....

3 « L'espace noir et désert était devant elle ». Dans la phrase suivante, retrouvez le mot et l'expression qui rappellent « noir » et « désert ». Le lieu est-il aussi désert que le pense Cosette ?

....

....

4 Soulignez la phrase où Cosette se parle à elle-même. Qui est « lui » ? Quelle décision prend-elle à ce moment-là ?

....

5 Deuxième paragraphe : combien de fois est répété « la Thénardier » ? Comment interprétez-vous cette répétition ?

....

....

6 En retrouvant les mots et expressions du texte qui la concernent, faites le portrait de la Thénardier.

....

....

7 Vous êtes Cosette, petite fille de huit ans, et vous avancez dans la nuit : que voyez-vous, qu'entendez-vous, que ressentez-vous ?

....

L'Éducation
sentimentale

Frédéric, jeune bachelier de dix-huit ans, rencontre pour la première fois madame Arnoux, à bord d'un bateau qui quitte Paris.

Gustave Flaubert

(Rouen, 1821 – Croisset, 1880)
Il passe une enfance malheureuse et se sent délaissé par sa famille qui porte tous ses espoirs sur le fils aîné. À dix-sept ans, il aime passionnément Elisa Schlésinger, femme d'un éditeur, plus âgée que lui ; elle lui inspirera *L'Éducation sentimentale* (1869). En 1844, des crises nerveuses lui font renoncer à ses études. Il fait des voyages en Orient, rencontre Louise Colet qui deviendra sa muse et avec qui il correspond. En 1857, paraît *Madame Bovary* qui lui vaut un procès pour immoralité. Le succès de *Salammbô* (1862), roman épique sur Carthage, place Flaubert parmi les plus grands écrivains de son temps. Il connaît cependant des difficultés financières. Il meurt d'une hémorragie cérébrale en 1880. Son écriture réaliste cultive « l'art objectif », dans un perpétuel souci de la forme.

Ce fut comme une apparition :

Elle était assise, au milieu du banc, toute seule ; ou du moins il ne distingua personne, dans l'éblouissement que lui envoyèrent ses yeux. En même temps qu'il passait, elle leva la tête ; il fléchit involontairement les épaules ; et, quand il se fut mis plus loin, du même côté, il la regarda. 5

Elle avait un large chapeau de paille, avec des rubans roses qui palpitaient au vent derrière elle. Ses bandeaux noirs, contournant la pointe de ses grands sourcils, descendaient très bas et semblaient presser amoureusement l'ovale de sa figure. Sa robe de mousseline claire, tachetée de petits pois, se répandait à plis nombreux. Elle était en train 10 de broder quelque chose ; et son nez droit, son menton, toute sa personne se découpait sur le fond de l'air bleu.

Comme elle gardait la même attitude, il fit plusieurs tours de droite et de gauche pour dissimuler sa manœuvre ; puis il se planta tout près de son ombrelle, posée contre le banc, et il affectait d'observer 15 une chaloupe sur la rivière.

Jamais il n'avait vu cette splendeur de sa peau brune, la séduction de sa taille, ni cette finesse des doigts que la lumière traversait. Il considérait son panier à ouvrage avec ébahissement, comme une chose extraordinaire. Quels étaient son nom, sa demeure, sa vie, son 20 passé ? Il souhaitait connaître les meubles de sa chambre, toutes les robes qu'elle avait portées, les gens qu'elle fréquentait ; (…)

Flaubert, *L'Éducation sentimentale*, 1869.

Pour mieux comprendre

ce fut : v. *être* (passé simple).
distingua : v. *distinguer* (passé simple), voir, apercevoir.
l'éblouissement : effet de la lumière qui trouble la vue, qui aveugle ; ici, un émerveillement (sens métaphorique).
fléchit : v. *fléchir* (passé simple), courber, baisser.
involontairement : sans le vouloir.
des rubans : petites bandes de tissu qui décorent le chapeau.
palpitaient : v. *palpiter*, s'agiter, remuer.
les bandeaux : cheveux qui encadrent le front et couvrent les oreilles.
l'ovale de sa figure : la forme un peu allongée du visage.

la mousseline : tissu en coton léger.
broder : coudre des motifs décoratifs sur un tissu.
fit : v. *faire* (passé simple).
dissimuler sa manœuvre : cacher ce que l'on fait.
se planta : v. *se planter* (passé simple), s'immobiliser.
une ombrelle : petit parasol, qui protège du soleil.
affectait : v. *affecter*, faire semblant.
une chaloupe : petite barque.
considérait : v. *considérer*, regarder avec insistance.
un ébahissement : une surprise, un étonnement.

Découverte

1 En vous aidant du chapeau, identifiez et situez les personnages.

2 Dans les deux premiers paragraphes, relevez les pronoms personnels. Qui raconte ?

3 Lisez le texte. Qui voit ? Qui voit-il ?

4 Repérez la première phrase. Comment l'interprétez-vous ? Quel est le signe de ponctuation et que signifie-t-il ?

Exploration

1 Dans le deuxième paragraphe, relevez ce que font les deux personnages.

....

....

2 Dans le paragraphe quatre, notez les déplacements de Frédéric et son attitude.

....

....

3 Au troisième paragraphe, sur quoi précisément se porte le regard du jeune homme ?

....

....

....

4 « Jamais il n'avait vu… une chose extraordinaire » : quelle est la valeur de l'adverbe négatif « jamais » ? Quelles expressions montrent que Frédéric est fasciné ?

....

....

....

5 À la fin, quelles sont les questions que se pose Frédéric et à qui les pose-t-il ?

....

....

....

6 Imaginez une suite à cette rencontre entre Frédéric et madame Arnoux, sous forme de dialogue.

....

....

....

....

Le dormeur du val

C'est un trou de verdure où chante une rivière
Accrochant follement aux herbes des haillons
D'argent ; où le soleil, de la montagne fière,
Luit : c'est un petit val qui mousse de rayons.

Un soldat jeune, bouche ouverte, tête nue,   5
Et la nuque baignant dans le frais cresson bleu,
Dort ; il est étendu dans l'herbe, sous la nue,
Pâle dans son lit vert où la lumière pleut.

Les pieds dans les glaïeuls, il dort. Souriant comme
Sourirait un enfant malade, il fait un somme :   10
Nature, berce-le chaudement : il a froid.

Les parfums ne font pas frissonner sa narine ;
Il dort dans le soleil, la main sur sa poitrine
Tranquille. Il a deux trous rouges au côté droit.

Octobre 1870

Arthur Rimbaud, *Poésies*, 1868-1870.

Arthur Rimbaud

(Charleville, 1854 – Marseille, 1891) Enfant mal aimé d'une mère autoritaire, il trouve refuge auprès de G. Izambart, son professeur, qui l'encourage dans sa passion de la poésie. Grand admirateur de Victor Hugo et des poètes parnassiens, il met son talent précoce au service de sa révolte contre l'ordre établi. À seize ans, il s'enfuit, rédige *Le Bateau ivre* et sa célèbre *Lettre du voyant* où il expose la voie nouvelle de la poésie. Il rencontre le poète Verlaine, se lie avec lui et ils partent en Belgique et en Angleterre. De 1872 à 1873, il compose *Une saison en enfer* et *Illuminations* (poèmes en prose). À vingt et un ans, il renonce à la poésie, part pour l'Afrique où il devient trafiquant d'armes. Il est rapatrié à Marseille en 1871 pour être amputé de la jambe droite et il meurt la même année. Son œuvre visionnaire a profondément bouleversé la création poétique contemporaine.

Pour mieux comprendre

un val : espace entre deux petites montagnes peu élevées (une *vallée*, un *vallon*).

des haillons : de vieux vêtements ; ici, sens métaphorique.

luit : v. *luire*, briller.

mousser : produire de la mousse.

la nuque : partie arrière du cou.

un cresson : plante qui pousse dans l'eau et que l'on mange en salade.

la nue : ce sont les nuages.

les glaïeuls : fleurs colorées à grandes tiges.

un somme : une sieste.

frissonner : trembler légèrement.

une narine : chaque partie du nez.

Découverte

1 Observez le poème. Comptez le nombre de strophes et les vers qui les composent. Connaissez-vous cette forme de poème ?

2 Lisez le titre. À quoi vous fait-il penser ?

3 Lisez la première strophe. Relevez les éléments du décor.

4 Quelles sensations dégage ce lieu ?

Exploration

1 Deuxième strophe : qui est le « dormeur » ? Quelles parties du corps sont nommées ?

....

....

....

2 Comment interprétez-vous le deuxième vers de la deuxième strophe ?

....

....

3 Lisez les deux dernières strophes. Relevez le champ lexical du sommeil. À votre avis, qu'est-il arrivé au soldat ?

....

....

....

....

4 Relevez les mots qui expriment ou évoquent la lumière et les couleurs. Que constatez-vous dans ce jeu de contrastes ?

....

....

....

5 Par sa poésie douce et lumineuse, Rimbaud dénonce la tragédie de la guerre. Qu'est-ce que cela suscite en vous ?

....

....

....

....

....

Il pleure
dans mon cœur

Il pleut doucement sur la ville
(Arthur Rimbaud)

Paul Verlaine

(Metz, 1844 – Paris, 1896)
À sa naissance, il est dédié à la Vierge par sa mère. Mais son destin le mènera vers des amours tourmentées et l'alcool. Ses premiers recueils, *Poèmes saturniens* (1866), *Les fêtes galantes* (1869) sont influencés par le Parnasse. Malgré son mariage en 1870, sa passion pour le poète Rimbaud, entre 1871 et 1873, le mènera à deux ans de prison pour avoir voulu le tuer. Pendant son enfermement, il écrit *Romances sans paroles* (1874) et retrouve la foi. Il compose *Sagesse* (1874-1880), *Amour* (1888-1892), poèmes mystiques puis *Jadis et naguère* (1885). Les ventes de sa poésie sont maigres et, malgré le soutien d'admirateurs (Baudelaire, les jeunes symbolistes), Verlaine ressemble plus à un clochard qu'au « Prince des poètes » comme le sacrent ses condisciples. Il meurt misérablement, mais une foule de Français l'accompagnent jusqu'au cimetière. Sa poésie aux vers libres, à la langue fluide, inspirera des musiciens comme Fauré, Debussy et, plus récemment, le chanteur Léo Ferré.

Il pleure dans mon cœur
Comme il pleut sur la ville
Quelle est cette langueur
Qui pénètre mon cœur ?

Ô bruit doux de la pluie   5
Par terre et sur les toits !
Pour un cœur qui s'ennuie
Ô le chant de la pluie !

Il pleure sans raison
Dans ce cœur qui s'écœure ;   10
Quoi ! nulle trahison ?…
Ce deuil est sans raison.

C'est bien la pire peine
De ne savoir pourquoi
Sans amour et sans haine   15
Mon cœur a tant de peine !

Paul Verlaine, *Ariettes oubliées* in *Romances sans paroles*, 1874.

Pour mieux comprendre

une langueur : état d'extrême faiblesse, épuisement causé par une maladie, une tristesse.

s'écœurer : se dégoûter ; le cœur n'a plus de goût à rien.

une trahison : action de tromper une personne.

un deuil : douleur ressentie à la mort de quelqu'un.

s'ennuyer : se sentir triste, se languir.

une peine : une souffrance morale, un chagrin, une douleur, un malheur.

la haine : sentiment d'horreur et de détestation pour une autre personne.

Découverte

1 Lisez le titre du poème. Dites ce qu'est le « il » et faites des hypothèses sur le thème du poème.

2 Repérez l'auteur de l'exergue. Qui est-il pour Verlaine ? (Lisez les biographies des deux poètes).

3 Comptez le nombre de strophes et des vers qui les composent. Qu'en concluez-vous ?

4 Comptez le nombre de pieds de chaque strophe. Que constatez-vous par rapport au rythme et la musicalité du poème ?

5 Lisez lentement le poème. À quoi êtes-vous le plus sensible, aux sons et leur musicalité, au thème et à ce qu'il exprime, aux mots ?

Exploration

1 Dans la première strophe, relevez la comparaison. Quels sont les éléments comparés et leur point commun ? Que remarquez-vous par rapport aux sonorités ?

....

....

2 Relevez les deux questions que se pose le poète. Dites sur quoi il s'interroge.

....

....

3 À la deuxième strophe, que représente la pluie pour le poète ? À quoi s'oppose-t-elle ?

....

....

4 Dans la troisième strophe, relevez les répétitions de mots et de sons et donnez-en votre interprétation.

....

....

5 Relevez le dernier mot du premier et du dernier vers de chaque strophe. Que remarquez-vous ? Comment interprétez-vous cette particularité ?

....

....

6 À la quatrième strophe, le poète a-t-il répondu à la question du début ? Quel constat fait-il sur son état psychologique ?

....

7 Associez un sentiment à un lieu et au temps qu'il peut faire, puis composez un poème à la manière de Verlaine.

....

....

Farce normande

à A. de Joinville

La procession se déroulait dans le chemin creux ombragé par les grands arbres poussés sur les talus des fermes. Les jeunes mariés venaient d'abord, puis les parents, puis les invités, puis les pauvres du pays, et les gamins qui tournaient autour du défilé, comme des mouches, passaient entre les rangs, grimpaient aux 5 branches des arbres pour mieux voir.

Le marié était un beau gars, Jean Patu, le plus riche fermier du pays. C'était, avant tout, un chasseur frénétique, qui perdait le bon sens à satisfaire cette passion, et dépensait de l'argent gros comme lui pour ses chiens, ses gardes, ses furets et ses fusils. 10

La mariée, Rosalie Roussel, avait été fort courtisée par tous les partis des environs, car on la trouvait avenante, et on la savait bien dotée; mais elle avait choisi Patu parce qu'il lui plaisait mieux que les autres, mais plutôt encore, en Normande réfléchie, parce qu'il avait plus d'écus.

Guy de Maupassant, *Les contes de la bécasse*, 1883.

Guy de Maupassant

(Fécamp, 1850 – Paris, 1893)
Il passe son enfance en Normandie. À douze ans, c'est la séparation de ses parents. Il montre ses écrits à Flaubert, son parrain, et ami d'enfance de sa mère. À vingt ans, il participe à la guerre de 1870, contre la Prusse, dont il garde en mémoire les visions d'horreur. Maupassant consacrera seulement dix ans de sa vie à écrire 300 nouvelles et 6 romans. L'écrivain aime les fêtes, les plaisirs de la vie. Il fréquente les Impressionnistes, Monet, Renoir, rencontre l'écrivain russe Tourgueniev. Il se lie à l'école naturaliste dont le chef de file est Zola. Une nouvelle : *Boule-de-Suif* (1880) « un chef d'œuvre » selon Flaubert, deux recueils de contes : *La Maison Tellier*, (1881), *Les contes de la bécasse* et deux romans : *Une vie* (1883), *Bel Ami* (1885) en font l'auteur le plus vendu après Zola. Mais une maladie héréditaire le conduit à la folie et après dix-huit mois d'internement, il meurt à quarante-trois ans.

Pour mieux comprendre

une farce : plaisanterie, action comique pour tromper quelqu'un.
une procession : marche de personnes en ligne, défilé ou cortège religieux.
un talus : terrain incliné, pente.
une ferme : habitation agricole, hacienda ou ranch.
une mouche : petit insecte volant.
grimper : monter à l'aide des pieds et des mains.
un chasseur : personne qui cherche des animaux pour les tuer (v. *chasser*).
frénétique : passionné comme un fou.

un furet : petit mammifère carnivore utilisé pendant la chasse pour trouver les animaux.
un parti : personne à marier du point de vue de sa situation sociale.
avenant(e) : qui plaît, agréable, charmant(e).
dotée : une jeune fille dotée a reçu de l'argent, des biens de ses parents en vue du mariage.
plutôt : encore plus.
un écu : pièce de monnaie en or (n'a plus cours actuellement).

Découverte

1 Repérez le titre du recueil d'où est extrait ce texte. À quel genre littéraire fait-il référence ?

2 Le titre *Farce normande* situe l'histoire en Normandie, région de l'écrivain. Où la situez-vous en France et que savez-vous de cette région ?

3 Ce texte est un *incipit*, le tout début du récit. En général, qu'est-ce que le lecteur y trouve ?

4 Repérez les premiers mots de chaque paragraphe. Quel est le type d'événement ?

Exploration

1 Lisez le texte. Au premier paragraphe, dans la deuxième phrase, dans quel ordre apparaissent les personnages présents dans le défilé ? Qui Maupassant nomme-t-il en dernier et pourquoi ?

....

....

2 À l'aide du deuxième paragraphe, faites le portrait de l'homme. Quelle est sa particularité ?

....

....

3 « Dépensait de l'argent gros comme lui ». Que sous-entend cette comparaison ?

....

....

4 À l'aide du troisième paragraphe, faites le portrait de la femme.

....

....

5 « En Normande réfléchie ». Que veut dire Maupassant au sujet de cette femme ?

....

....

6 Quel est le temps principal du texte ? Quelle est sa fonction dans un incipit (le début d'un récit) ?

....

....

7 L'événement se passe dans la campagne française au XIXe siècle. Comment cela se passe-t-il dans votre pays ? Quels sont les changements depuis le siècle dernier ?

....

....

....

Germinal

Émile Zola

(Paris 1840-1902)

Le jeune Émile quitte Aix-en-Provence à sept ans, à la mort de son père, brillant ingénieur italien. Sans argent, sa mère s'établit à Paris. Zola échoue au baccalauréat et abandonne ses études. En 1862, naturalisé français, il pratique divers métiers, devient journaliste dès 1864 et défend Cézanne, Manet et les Impressionnistes. À trente ans, il conçoit la saga des *Rougon-Macquart* : 20 romans de *L'Histoire naturelle et sociale d'une famille sous le Second Empire*, écrits de 1871 à 1893, s'inspirant de *La Comédie humaine* de Balzac. *L'assommoir* (1877), premier grand succès public, *Nana* (1879), *Pot-Bouille* et *Germinal* (1885) lui permettent de vivre de sa plume. Chef de file du naturalisme, il analyse l'hérédité et les conditions historiques et sociales. À cinquante-huit ans, il soutient la révision du procès du capitaine Dreyfus accusé de haute trahison, avec l'article « *J'accuse* » paru dans le quotidien *L'Aurore*. En 1902, il meurt asphyxié dans sa chambre. Assassinat dû à ses engagements politiques. En 1908, la IIIe République fait transférer son corps au Panthéon.

– Bonjour, répondit le vieux.

Un silence se fit. L'homme, qui se sentait regardé d'un œil méfiant, dit son nom tout de suite.

– Je me nomme Étienne Lantier, je suis machineur… Il n'y a pas de travail ici ? 5

Les flammes l'éclairaient, il devait avoir vingt et un ans, très brun, joli homme, l'air fort malgré ses membres menus.

Rassuré, le charretier hochait la tête.

– Du travail pour un machineur, non, non… Il s'en est encore présenté deux hier. Il n'y a rien. 10

Une rafale leur coupa la parole. Puis Étienne demanda, en montrant le tas sombre des constructions, au pied du terri :

– C'est une fosse, n'est-ce pas ?

Le vieux, cette fois, ne put répondre. Un violent accès de toux l'étranglait. Enfin, il cracha, et son crachat, sur le sol empourpré, 15 laissa une tache noire.

– Oui, une fosse, le Voreux… Tenez ! le coron est tout près.

À son tour, de son bras tendu, il désignait dans la nuit le village dont le jeune homme avait deviné les toitures.

Émile Zola, *Germinal*, 1885.

Pour mieux comprendre

se fit : passé simple du v. *se faire*, se former, commencer.

méfiant : qui n'a pas confiance, qui doute.

un machineur : ouvrier qui s'occupe de la mécanique des machines (en français moderne : mécanicien).

ses membres menus : ses bras et ses jambes sont fins et petits.

empourpré : d'une couleur rouge vif.

rassuré : tranquillisé (le contraire de *méfiant*).

un charretier : conducteur de charrette (ici, voiture en bois à deux roues pour transporter le charbon).

une rafale : coup de vent soudain et brutal, violent.

le terri ou **terril** : énorme tas, masse de terre accumulée à côté d'une mine.

une fosse : trou, cavité large et profonde, puits creusé par les mineurs.

put : passé simple du v. *pouvoir*.

une toux : expiration forcée provoquée par des problèmes respiratoires, (du v. *tousser*).

cracha : passé simple du v. *cracher*, projeter de la salive de la bouche.

un coron : ensemble de maisons de mineurs, un quartier.

deviner : découvrir, trouver.

Découverte

1 Observez le texte avant de le lire. Que remarquez-vous et qu'en déduisez-vous ?

2 Lisez uniquement les phrases annoncées par les tirets et nommez les deux personnages.

3 Ensuite, lisez tout le texte. Quel est le rôle des phrases sans tirets ?

4 Précisez qui parle dans ces phrases.

Exploration

1 Relisez le texte. Notez toutes les informations données sur le lieu en vous aidant du lexique dans *Pour mieux comprendre*. Quelles impressions se dégagent de l'endroit ?

....

....

2 Faites le portrait physique et moral du premier personnage. Sur quoi insiste Zola ?

....

....

3 Faites de même avec le deuxième personnage.

....

....

4 En quoi sont-ils différents ? Ont-ils un point commun ?

....

....

5 Nous sommes au début du roman. Quel peut être le rôle du jeune personnage ?

....

....

6 Cherchez le sens du verbe « germer » à partir duquel Zola a titré son roman *Germinal*.

....

....

7 Germinal est paru en 1885, à la fin du XIXe siècle. À cette époque, quelles ont été les grandes transformations économiques et sociales en France, pays agricole depuis des siècles ? Comment interprétez-vous le titre *Germinal* en fonction de ces transformations ?

....

....

....

....

Le XXᵉ siècle

Ce siècle a connu la boucherie de la Première Guerre mondiale, la monstrueuse folie de la Seconde, l'ignominie des camps de concentration, la bombe atomique sur Hiroshima, la naissance et la chute de l'Union soviétique, les décolonisations, la guerre froide, d'importants bouleversements politiques et une accélération sans précédent des moyens de communication et des progrès de la science.

■■■■■ LA PREMIÈRE PARTIE DU SIÈCLE

De grandes figures dominent. Apollinaire inaugure une esthétique libérée des contraintes formelles (*Alcools*, 1913, *Calligrammes*, 1918) tandis que Valéry tend vers une poésie pure, résultat de la lucidité et du travail (*La Jeune Parque*, 1917). Saint-John Perse poursuit une œuvre poétique secrète et exigeante (*Éloges*, 1911, *Anabase*, 1924), couronnée par le prix Nobel en 1960. Le talent éclectique de Cocteau investit la poésie, le roman et le cinéma. Proust bouleverse l'art du roman par sa construction polyphonique, *À la recherche du temps perdu* (1913-1927) dépasse l'autobiographie pour reconstruire « l'édifice immense du souvenir ». La diversité de l'œuvre de Gide trouve son unité dans l'effort de sincérité de l'auteur, présent derrière des personnages contradictoires (*Si le grain ne meurt*, 1920, *Les faux-monnayeurs*, 1925). Malraux et Saint-Exupéry puisent dans leur expérience personnelle la matière de leur œuvre romanesque : pour le premier, l'homme exorcise la mort par l'action, l'expérience de la fraternité et l'affirmation de sa liberté (*La Condition humaine*, 1933), alors que les personnages du second méditent sur les limites de l'homme, sa volonté et sa responsabilité (*Vol de nuit*, 1931, *Le Petit Prince*, 1943). Enfin Céline, dans une écriture proche de l'oralité (*Voyage au bout de la nuit*, 1932), transpose une vision du monde d'un pessimisme radical. L'écrivain catholique Claudel s'impose surtout par ses drames lyriques (*L'Annonce faite à Marie*, 1912) où s'affrontent le péché et la grâce. Principal dramaturge de l'entre-deux-guerres, Giraudoux réinvestit les mythes pour dire le tragique du présent : *La guerre de Troie n'aura pas lieu* (1935*)*.

• Le surréalisme concerne tous les arts. Mouvement de révolte, de rupture et d'engagement politique, il veut « changer la vie ». L'inconscient, l'écriture automatique permettent d'explorer l'inconnu. Avec Breton (*Le Manifeste du Surréalisme*, 1924), Aragon, Éluard, Soupault, Artaud, tentent de transformer le monde.

■■■■■ À PARTIR DE 1945

L'existentialisme marque l'après guerre. Dans un monde sans Dieu, l'homme « est condamné à être libre » et légitime son existence par son projet et son engagement. Sartre définit une nouvelle morale dans *L'existentialisme est un humanisme* (1946). Camus répond au sentiment de l'absurde par la révolte et le combat contre l'asservissement de l'individu (*La peste*, 1947, *L'Homme révolté*, 1951).

• Le nouveau roman brise l'illusion romanesque pour produire une relation différente entre le lecteur et le texte : *L'ère du soupçon* (Sarraute, 1956). L'accent est mis sur les points de vue, la narration, la durée intérieure (Butor, Simon) ; la description devient sa propre finalité : *La jalousie* (Robbe-Grillet, 1957), le personnage disparaît pour se réduire à des voix.

• Le théâtre de l'absurde remet aussi en cause personnage et langage. Ionesco et Beckett, jouant sur l'incohérence et le dérisoire, bousculent le confort du spectateur.

• En poésie, le succès rencontré par l'écriture tendre et révoltée de Prévert (*Paroles,* 1946) a parfois occulté l'importance des œuvres de Michaux et de Ponge.

FEMMES ET LITTÉRATURE

Colette, Anna de Noailles ouvrent la voie au début du siècle. *Le Deuxième Sexe* (Beauvoir, 1949) est la référence des féministes des années 1970 : « On ne naît pas femme, on le devient ». Les femmes s'emparent alors de la littérature. Si Kristeva s'interroge sur l'existence d'une écriture féminine (*Le Langage, cet inconnu*, 1981), si Cixous explore le féminin (*Dedans*, 1969), les œuvres des écrivaines ne sont cependant pas réductibles à leur condition de femme. Peu de points communs entre Yourcenar et Duras, Wittig et Chédid, Sagan et Ernaux, Nothomb et Angot, sinon la nécessité d'écrire.

FRANCOPHONIE LITTÉRAIRE

À travers le monde, de nombreux écrivains réinventent le français. Dans les années 1930, le mouvement de la négritude (Césaire, Senghor, Damas) inaugure une écriture de la désaliénation. Au Maghreb, les héritiers de Mouloud Feraoun, Kateb Yacine, Mohamed Dib, Driss Chraïbi interrogent la pluralité des identités, l'énigme des origines, les violences de l'Histoire, les rigidités des sociétés, la place des femmes, dans une langue «française rendue bien étrangère» et pourtant si proche.

CES DERNIÈRES ANNÉES

La production de romans à dominante autobiographique explose, même si des écrivains comme Le Clézio, Echenoz, Modiano, Orsenna, Maalouf, et Koltès pour le théâtre, échappent à cette catégorisation. Entre témoignage et distance ironique, chant d'exil et travail de mémoire, audaces stylistiques et créations sémantiques, lyrisme et trivialité, émergent les écritures d'une nouvelle génération : Azouz Begag, Mounsi, Mehdi Charef, Leïla Sebbar, Nina Bouraoui, Cécile Oumhani, Souâd Belhaddad revendiquent la multiplicité des appartenances.

Les nourritures
terrestres

Traversée.
Février 1895.

Départ de Marseille.

Vent violent ; air splendide. Tiédeur précoce ; balancement des mâts.

Mer glorieuse, empanachée. Vaisseau conspué par les flots.

Impression dominante de gloire. Souvenir de tous les départs passés.

Traversée. 5

Que de fois ai-je attendu l'aube…

…sur une mer découragée…

et j'ai vu venir l'aube, sans que la mer en soit calmée.

Sueur aux tempes. Faiblesses. Abandons.

Nuit sur mer. 10

Mer acharnée. Ruissellements sur le pont. Trépignements de l'hélice…

Ô ! sueur d'angoisse !

Un oreiller sous ma tête brisée…

Ce soir la lune sur le pont était pleine et splendide – et je n'étais pas là pour la voir.

– Attente de la vague. – Éclat subit de la masse d'eau ; suffocations ; regonflements ; rechutes. – Inertie de moi : qu'y suis-je ? – Un bouchon – un pauvre bouchon sur les flots.

Abandon à l'oubli des vagues ; volupté du renoncement ; être une chose.

15

20

André Gide, *Les nourritures terrestres*, (1897), Paris, © Gallimard, 1917-1936.

André Gide

(Paris, 1869-1951)

Son père, protestant, meurt quand l'enfant a onze ans. Il est élevé par une mère autoritaire et bourgeoise. Il éprouve très tôt le sentiment « de n'être pas comme les autres ». Pendant un voyage en Tunisie et en Algérie (1893-1895), il traverse une crise spirituelle, dont il sort libéré des contraintes morales. *Les nourritures terrestres,* qui exalte la « ferveur » et la sensualité, paraît en 1897. Il écrit *L'Immoraliste, La porte étroite,* participe à la fondation de la N.R.F. (Nouvelle revue française). Dans *Si le grain ne meurt,* (1920), il se raconte librement ; *Les caves du Vatican* (1914) pose la question de l'acte gratuit et *Les Faux-monnayeurs* (1925) bouleverse la conception traditionnelle du roman. Après un séjour au Congo, il dénonce le colonialisme. Son voyage en URSS l'éloigne des communistes. Dans son *Journal* (1889-1939), il se définissait comme un « inquiéteur ». Il reçoit le Prix Nobel de littérature en 1947.

Pour mieux comprendre

une traversée : un voyage en mer.

un mât : pièce de bois qui porte les voiles d'un bateau.

empanaché : c'est l'écume, la mousse blanche qui se forme sur les vagues (sens métaphorique).

un vaisseau : un bateau, un navire.

le flot : l'eau, les vagues.

conspuer : manifester fortement son désaccord (sens métaphorique).

l'aube : le lever du jour.

découragé (être) : ne plus avoir de courage, d'énergie (sens métaphorique).

Acharné(e) : la mer est furieuse, elle cogne avec violence sur le bateau (sens métaphorique).

un ruissellement : quand l'eau coule sans s'arrêter, continuellement.

le pont : sur un bateau, espace plat où les gens peuvent marcher.

un trépignement : le fait de frapper des pieds sur la terre, rapidement, tout en restant à la même place.

une hélice : élément qui permet au bateau d'avancer.

subit : soudain.

une suffocation : le fait de ne plus pouvoir respirer (sens métaphorique).

un regonflement : action de gonfler à nouveau.

une inertie : le fait d'être sans mouvement, immobile.

Découverte

1 Observez le texte ; que constatez-vous ?

2 Lisez les notations sur la partie droite. De quel type de texte peut-il s'agir ?

3 Lisez la première phrase : de quelle ville part l'auteur ? À votre avis, quelle est sa destination ?

4 Qu'évoque pour vous le titre de l'œuvre, *Les nourritures terrestres*, dont est extrait ce passage ?

Exploration

1 Lisez la première partie : que constatez-vous ? Quel est l'effet produit ?

....

....

2 Relevez dans tout le texte les expressions où se trouve le mot « mer ». Quelles images Gide donne-t-il de la mer ?

....

....

....

3 La mer, toujours en mouvement, s'oppose au manque d'énergie, à l'immobilité du narrateur. Retrouvez les mots et expressions qui suggèrent cet état.

....

....

4 « Qu'y suis-je ? » Que remplace « y » ? Pour vous aider, lisez la suite immédiate du texte. Comment écririez-vous « qu'y suis-je ? » si vous entendiez cette question sans la lire ? Comment interprétez-vous cette homophonie et quelle est la réponse du narrateur ?

....

....

....

5 Comment comprenez-vous la dernière phrase ?

....

....

....

6 *Les nourritures terrestres* s'adresse à un jeune homme, Nathanaël. À la première page du roman, le narrateur écrit : « Quand tu m'auras lu, jette ce livre - et sors. ». Que pensez-vous de cette phrase ?

....

....

La cravate et la montre

Guillaume Apollinaire

Guillaume Apollinaire (pseudonyme de Wilhelm Apollinaris de Kostrowitsky) est né à Rome en 1880 d'une mère balte et d'un officier italien. Son père ne le reconnaît pas et cette souffrance se retrouve dans sa poésie. Il est mobilisé pendant la guerre de 1914-1918 et rentre blessé à la tête. Ses amours sont souvent malheureuses : il dédie *Alcools* (1913) à Annie Playden, rencontrée en Allemagne, et un autre recueil de poèmes à une femme aimée : *Poèmes à Lou* (posthume, 1947). Critique d'art et de littérature, poète et dramaturge, il se lie d'amitié avec Picasso et soutient le mouvement cubiste en peinture. Ses œuvres principales sont : *Le poète assassiné* (1916), *Calligrammes* (1918). Il meurt à Paris le 9 novembre 1918.

LA CRAVATE

DOU
LOU
REUSE
QUE TU
PORTES
ET QUI T'
ORNE O CI
VILISÉ
OTE-   TU VEUX
LA   BIEN
SI   RESPI
          RER

COMME L'ON
S'AMUSE
BI
EN

les heures   la
                              beau
et le   Mon
vers   cœur   té
dantesque
luisant et   de
cadavérique
                                      la
le bel   les
inconnu   Il   yeux   vie
               est   Et
               —   tout   pas
les Muses   5   se
aux portes de en   ra   se
ton corps   fin   fi
                     ni   l'enfant la
                                      dou
l'infini
redressé   leur
par un fou   Agla
de philosophe   de

                                      mou

                                      rir

semaine   la main

Tircis

Guillaume Apollinaire, *Calligrammes*, Paris, © Gallimard, 1925.

Pour mieux comprendre

un calligramme : poème qui prend la forme de l'objet représenté (du grec *kalos*, « beau » et *gramma*, « lettre »).

orner : mettre en valeur, embellir.

ôter : enlever, retirer.

Agla, Aglaé : dans la mythologie gréco-romaine, la plus jeune et la plus jolie des trois Grâces, appelée aussi « la brillante ».

cadavérique : qui rappelle le cadavre, la mort.

Tircis : nom donné à des bergers dans les fables (voir les *Fables* de La Fontaine).

les Muses : les neuf déesses dans la mythologie antique (dont celle qui inspire le poète).

dantesque : qui a le caractère sombre et sublime de l'œuvre de Dante, effroyable (adjectif formé sur *Dante*, poète et humaniste italien du XIVᵉ siècle, auteur de *La Divine Comédie*).

luisant : brillant.

Découverte

1 Observez le texte et le titre de cette page. Que constatez-vous ? Comparez vos remarques avec la première définition de la rubrique *Pour mieux comprendre*.

2 Comment sont disposés les deux dessins ? Replacez les heures en chiffres arabes et romains dans la montre.

3 Repérez les aiguilles de la montre et dites l'heure qu'il est.

Exploration

1 *La cravate :* qui porte la cravate ? À quoi sert-elle ? Pourquoi est-elle douloureuse ? Que conseille le poète ?

....

....

....

2 *La montre :* « comme l'on s'amuse bien ». Qui peut dire ces paroles ? Dans quelles circonstances ?

....

....

3 Reliez les mots et les heures. Que constatez-vous ?

....

....

....

....

4 Lisez la partie extérieure droite de la montre et relevez les oppositions. Comment comprenez-vous cette phrase ?

....

....

....

5 Quel mot rapproche la cravate et la montre ?

....

....

6 Choisissez un objet et réalisez un calligramme.

....

....

....

La maison de Claudine

La narratrice évoque des souvenirs d'enfance. Dans le texte, elle a environ huit ans.

Colette

Est née en 1873 dans l'Yonne, où elle passe une enfance heureuse. En 1893, elle part pour Paris avec son mari Willy. Elle écrit la série des *Claudine* (1900-1903), romans autobiographiques à succès, tous signés Willy. En 1910, divorcée, elle embrasse la carrière d'actrice de music-hall, expérience qu'elle raconte dans *La Vagabonde* (1910). Romancière, scénariste, modéliste, Colette continue d'écrire des romans : *Chéri* (1920), *Le Blé en herbe* (1923), *La naissance du jour* (1928), *Sido* (1929), *La Chatte* (1933), qui célèbrent la nature, les animaux, les relations entre hommes et femmes, et sa mère qui lui a donné le goût de la liberté. Femme libre, spontanée, Colette est considérée comme le symbole de la libération des femmes du XXᵉ siècle. Décorée de la légion d'honneur, elle est élue à l'Académie Goncourt en 1949 et meurt comblée de gloire et de reconnaissance en 1954.

Le mot « presbytère » venait de tomber, cette année-là, dans mon oreille sensible, et d'y faire des ravages.

« C'est vraiment le presbytère le plus gai que je connaisse… » avait dit quelqu'un.

Loin de moi l'idée de demander à l'un de mes parents : « Qu'est-ce 5 que c'est, un presbytère ? » J'avais recueilli en moi le mot mystérieux, comme brodé d'un relief rêche en son commencement, achevé en une longue et rêveuse syllabe… Enrichie d'un secret et d'un doute, je dormais avec le *mot* et je l'emportais sur mon mur. « Presbytère ! » Je le jetais, par-dessus le toit du poulailler et le jar- 10 din de Miton, vers l'horizon toujours brumeux de Moutiers. Du haut de mon mur, le mot sonnait en anathème : « Allez ! vous êtes tous des presbytères ! » criais-je à des bannis invisibles.

Un peu plus tard, le mot perdit de son venin, et je m'avisai que « presbytère » pouvait bien être le nom scientifique du petit escar- 15 got rayé jaune et noir… Une imprudence perdit tout, pendant une de ces minutes où une enfant, si grave, si chimérique qu'elle soit, ressemble passagèrement à l'idée que s'en font les grandes personnes…

– Maman ! regarde le joli petit presbytère que j'ai trouvé !

– Le joli petit… quoi ?

– Le joli petit presb… 20

Je me tus, trop tard. Il fallut apprendre - « Je me demande si cette enfant a tout son bon sens… » - ce que je tenais tant à ignorer, et appeler « les choses par leur nom »…

– Un presbytère, voyons, c'est la maison du curé. 25

Colette, *La maison de Claudine* (1922), Paris, Robert Laffont, 1997.

Pour mieux comprendre

un ravage : une catastrophe, destruction.

brodé d'un relief rêche : le début du mot a une sonorité dure.

une syllabe : « pres/by/tère » contient trois syllabes.

achever : terminer.

un poulailler : abri où l'on enferme des poules et autres volailles.

Miton : c'est le nom du voisin.

Moutiers : une ville de France, en Savoie.

l'anathème : une condamnation, excommunication religieuse ; ici, injure.

des bannis invisibles : des exilés que l'on ne voit pas (l'enfant imagine).

un venin : poison sécrété par le serpent.

s'aviser : penser.

un escargot : un petit mollusque avec une coquille arrondie.

chimérique : rêveur.

se taire : ne pas parler.

Découverte

1 Dans la première phrase, quel mot la narratrice entend-elle ?

2 Lisez la deuxième phrase. Qui le dit ?

3 Reportez-vous à la dernière phrase. Quel est le sens de ce mot ?

4 Parcourez le texte du regard et soulignez ce mot. Combien de fois est-il répété ? Comment interprétez-vous cette répétition ?

5 Lisez plusieurs fois ce mot à haute voix et dites ce que les sonorités évoquent pour vous.

Exploration

1 « Loin de moi l'idée… à des bannis invisibles. » : que fait la narratrice avec ce mot ?

....

....

2 Pourquoi *mot* est-il en italique ?

....

....

3 « Enrichie d'un secret et d'un doute, je dormais avec le *mot* » : qu'est-ce que la découverte de ce mot lui a apporté ?

....

....

4 Comment utilise-t-elle ce mot la première fois ? Quel sens lui donne-t-elle ?

....

....

5 « Un peu plus tard, le mot perdit de son venin… ». Quel nouveau sens la narratrice donne-t-elle à ce mot ? Pourquoi a-t-il perdu de son « venin » ?

....

....

6 Dans le dialogue entre la narratrice et sa mère, quelles sont les réactions de chacune ?

....

....

7 Y a-t-il un ou des mots dans votre apprentissage de la langue maternelle ou du français qui ont provoqué en vous des contresens ? Racontez votre expérience.

....

....

Les enfants terribles

Jean Cocteau

(1889-1963)
Romancier, homme de théâtre, réalisateur, décorateur, peintre et dessinateur, Cocteau se considère avant tout comme un poète. Enfant choyé d'une famille bourgeoise et cultivée, il échoue au baccalauréat mais est reconnu très tôt comme jeune poète talentueux. Son œuvre s'inspire de figures antiques et mythologiques : *L'ange Heurtebise,* 1925, (poésie), *Orphée,* 1927, *Œdipe-roi,* 1928, *La machine infernale,* 1934, (tragédies modernes), *Thomas l'imposteur,* 1923, *Les enfants terribles,* 1929, (romans). Quant à ses films : *Le sang d'un poète* (1932), *L'éternel retour* (1943), *La belle et la bête* (1945) et *Orphée* (1951), Cocteau les qualifie de poèmes cinématographiques. En 1955, il est élu à la fois à l'Académie royale de Belgique à la mort de Colette et à l'Académie française. Il meurt à soixante-quatre ans en même temps que la chanteuse Edith Piaf. Leurs deux enterrements réuniront une France attristée par la mort d'un de ses grands poètes et de sa chanteuse la plus populaire.

D argelos était le coq du collège. Il goûtait ceux qui le bravaient ou le secondaient. Or, chaque fois que l'élève pâle se trouvait en face des cheveux tordus, des genoux blessés, de la veste aux poches intrigantes, il perdait la tête.

La bataille lui donnait du courage. Il courrait, il rejoindrait Dargelos, il se battrait, le défendrait, lui prouverait de quoi il était capable. 5

La neige volait, s'écrasait sur les pèlerines, étoilait les murs. De place en place, entre deux nuits, on voyait le détail d'une figure rouge à la bouche ouverte, une main qui se désigne un but.

Une main désigne l'élève pâle qui titube et qui va encore appeler. 10 Il vient de reconnaître, debout sur un perron, un des acolytes de son idole. C'est cet acolyte qui le condamne. Il ouvre la bouche « Darg… » ; aussitôt la boule de neige lui frappe la bouche, y pénètre, paralyse les dents. Il a juste le temps d'apercevoir un rire et, à côté du rire, au milieu de son état-major, Dargelos qui se dresse, 15 les joues en feu, la chevelure en désordre, avec un geste immense.

Un coup le frappe en pleine poitrine. Un coup sombre. Un coup de poing de marbre. Un coup de poing de statue. Sa tête se vide. Il devine Dargelos sur une espèce d'estrade, le bras retombé, stupide, dans un éclairage surnaturel. 20

Il gisait par terre. Un flot de sang échappé de la bouche barbouillait son menton et son cou, imbibait la neige. Des sifflets retentirent.

Jean Cocteau, *Les enfants terribles*, Paris, Éditions Grasset, 1925.

Pour mieux comprendre

un coq : au sens propre, le mâle de la poule ; au sens figuré, un personnage arrogant, le plus admiré de tous.

goûtait : v. *goûter*, apprécier, savourer.

or : peut ici être remplacé par *donc*.

intrigant : qui utilise des moyens compliqués et secrets pour réussir.

une bataille : un combat, une bagarre, une lutte.

une pèlerine : un manteau sans manches avec une capuche, porté par les enfants dans les années 1920-1940.

tituber : aller de droite et de gauche en marchant, vaciller, chanceler.

un perron : petit escalier extérieur se terminant par une plate-forme.

un acolyte : une personne qui obéit à quelqu'un, complice.

un état-major : ensemble des officiers sous les ordres d'un officier supérieur.

se dresse : v. *se dresser*, se mettre droit.

Le marbre : roche calcaire très dure.

devine : v. *deviner*, (ici : entrevoir).

une estrade : un plancher plus haut de quelques marches au-dessus du sol.

stupide : a ici le sens de stupéfait, étonné.

gisait : v. *gésir*, être couché sans mouvement, être tombé, renversé.

barbouillait : v. *barbouiller*, couvrir d'une matière salissante, salir, tacher.

imbibait : v. *imbiber*, pénétrer d'un liquide, absorber.

un sifflet : instrument formé d'un tuyau court qui donne un son aigu.

retentirent : v. *retentir*, remplir un lieu par un bruit, un son, résonner.

Découverte

1 Lisez la première phrase. Où se passe l'histoire ?

2 À quel animal est comparé Dargelos ? Que symbolise cet animal ?

3 Imaginez Dargelos, son âge, son attitude, son physique, etc.

4 Lisez le premier paragraphe. Qu'apprenez-vous sur la personnalité de Dargelos ?

5 Comment est nommé le deuxième personnage ? Opposez-le à Dargelos. Que ressent-il face à lui ?

Exploration

1 Lisez l'extrait. Précisez le lieu, l'époque, la saison où se déroule l'histoire, ainsi que l'action.

....

....

2 Quel est le mode/temps principal utilisé dans le deuxième paragraphe de « Il courrait » à « il était capable » ? Qu'en déduisez-vous ?

....

....

3 Troisième paragraphe : « Une main qui se désigne un but ». À qui appartient cette main et qui désigne-t-elle ? Pour vous aider, lisez la suite.

....

....

4 Quatrième paragraphe : quel est le changement de temps dans la narration ? Quel est l'effet produit ?

....

....

5 Dans le cinquième paragraphe, notez les mots répétés. Le narrateur utilise une phrase verbale puis des phrases nominales. Quelle est son intention ?

....

....

6 « Il devine... un éclairage surnaturel ». Quelle vision l'autre élève a-t-il de Dargelos ?

....

....

7 « Des sifflets retentirent. » Imaginez la suite, puis lisez ce qu'a écrit Jean Cocteau juste après cette scène.

....

....

Nadja

André Breton

(Orne, 1896 – Paris, 1966)
Malgré des études de médecine, c'est la poésie, découverte dès l'âge de quinze ans, grâce à un professeur, qui guide toute sa vie. Après la première guerre mondiale, il fréquente le poète Apollinaire. En 1919, il fonde la revue *Littérature* avec Aragon. *Les champs magnétiques* (1920), premier texte en écriture automatique sous hypnose, technique inspirée de Freud, annonce le surréalisme : l'exploration de l'inconscient pour libérer le langage conventionnel. Le premier *Manifeste du surréalisme* paraît un an avant le roman *Nadja* (1928). En 1927, il adhère au parti communiste. En 1938, il rencontre le célèbre dissident russe Léon Trotski et s'écarte du P.C., refusant d'assimiler surréalisme et marxisme. Ses écrits chantent l'amour de la femme : *L'amour fou* (1937), *Arcane 17* (1947). Il part aux États-Unis en 1941. Toute sa poésie célèbre « la liberté, couleur d'homme », et le combat contre l'asservissement social, économique, religieux.

Le 4 octobre dernier°, la fin d'un de ces après-midi tout à fait désœuvrés et très mornes, comme j'ai le secret d'en passer, je me trouvais rue Lafayette : après m'être arrêté quelques minutes devant la vitrine de la librairie de *L'Humanité* et avoir fait l'acquisition du dernier ouvrage de Trotski, sans but je poursuivais 5 ma route dans la direction de l'Opéra. Les bureaux, les ateliers commençaient à se vider, du haut en bas des maisons des portes se fermaient, des gens sur le trottoir se serraient la main, il commençait tout de même à y avoir plus de monde. J'observais sans le vouloir des visages, des accoutrements, des allures. Allons, ce n'étaient 10 pas encore ceux-là qu'on trouverait prêts à faire la Révolution. Je venais de traverser ce carrefour dont j'oublie ou ignore le nom, là, devant une église. Tout à coup, alors qu'elle est peut-être encore à dix pas de moi, venant en sens inverse, je vois une jeune femme, très pauvrement vêtue, qui, elle aussi, me voit ou m'a vu. Elle va la tête 15 haute, contrairement à tous les autres passants. Si frêle qu'elle se pose à peine en marchant. Un sourire imperceptible erre sur son visage. Curieusement fardée, comme quelqu'un qui, ayant commencé par les yeux, n'a pas eu le temps de finir, mais le bord des yeux si noir pour une blonde. 20

° On est en 1926. (Note de l'auteur, 1962).

André Breton, *Nadja*, (1928), édition revue par l'auteur, Paris, © Gallimard, 1962.

Pour mieux comprendre

désœuvré : qui ne fait rien, inactif.
morne : qui est terne, sans couleur.
L'Humanité : journal du parti communiste français.
Trotski (Léon) : révolutionnaire soviétique né en 1879, assassiné en 1940 au Mexique par les agents de Staline.
un atelier : lieu où travaillent ensemble des artisans ou des ouvriers.
un accoutrement : habillement étrange, bizarre, ridicule.
une allure : manière de se déplacer, démarche.

pauvrement vêtu(e) : habillé(e) de vêtements très peu chers, très simples.
un passant : une personne qui passe dans la rue.
à peine : très peu.
frêle : délicat(e), fragile.
imperceptible : qu'il est presque impossible de voir, presque invisible.
errer : aller au hasard.
fardé(é) : qui est maquillé(e), qui s'est mis du fard sur le visage, les yeux et les lèvres.

Découverte

1 Observez le texte et cherchez la première date de parution de *Nadja*, l'œuvre dont est extrait ce passage.

2 Lisez les références de l'extrait. Que remarquez-vous ? Qu'a fait l'auteur ?

3 L'extrait commence par la date du 4 octobre accompagnée d'une note en bas de page. Cela se passe donc en quelle année ? Quel type de texte commence en général par une date ?

Exploration

1 Lisez le texte jusqu'à « devant une église ». Notez le pronom personnel, le temps principal utilisé. Qui parle ? Quelle est sa fonction dans la narration ?

....

....

2 « ...à la fin de ces après-midi tout à fait désœuvrés et très mornes, comme j'ai le secret d'en passer... » : notez et qualifiez le moment de la journée. Présentez l'état d'esprit du poète et son habitude.

....

....

3 Repérez ce qui se passe à ce moment de la journée. Relevez les trois noms qui désignent « des gens » ? Que constatez-vous ?

....

....

4 Quel pronom est utilisé pour ces personnes ? Que devinez-vous de l'opinion de Breton vis-à-vis d'elles ?

....

....

5 Lisez la suite du texte à partir de « Tout à coup... ». Quel est le changement de temps ? Quel effet cela produit-il dans la narration ?

....

....

6 À l'aide du texte, faites le portrait de la jeune femme. Devinez comment elle s'appelle.

....

....

7 Est-ce que cette femme correspond à votre vision de la femme inspiratrice de l'écrivain ? Présentez votre point de vue.

....

Alexis
ou le traité
du vain combat

Un jeune homme, Alexis, écrit une longue lettre à sa femme pour lui expliquer pourquoi il veut partir et cesser leur relation.

J'ai été élevé par les femmes. J'étais le dernier fils d'une famille très nombreuse ; j'étais d'une nature maladive ; ma mère et mes sœurs n'étaient pas très heureuses ; voilà bien des raisons pour que je fusse aimé. Il y a tant de bonté dans la tendresse des femmes que j'ai cru longtemps remercier Dieu. Notre vie, si austère, était ⁵ froide en surface ; nous avions peur de mon père ; plus tard, de mes frères aînés ; rien ne rapproche les êtres comme d'avoir peur ensemble. Ni ma mère ni mes sœurs n'étaient très expansives ; il en était de leur présence comme de ces lampes basses, très douces, qui éclairent à peine, mais dont le rayonnement égal empêche qu'il ne ¹⁰ fasse trop noir et qu'on ne soit vraiment seul. On ne se figure pas ce qu'a de rassurant, pour un enfant inquiet tel que j'étais alors, l'affection paisible des femmes.

Marguerite Yourcenar, *Alexis ou le traité du vain combat* (1929), Paris, © Gallimard, 1971.

Marguerite Yourcenar

(Bruxelles, 1903 – USA, 1987)
Elle est née dans une famille aristocratique. Sa mère meurt après sa naissance. Elle sera élevée par un père anticonformiste qui lui fera découvrir l'Europe. La Grèce deviendra l'une de ses patries spirituelles. Son premier livre, *Le Jardin des Chimères*, paraît en 1921, puis *Alexis ou le traité du vain combat* en 1929. La seconde guerre mondiale la force à l'exil aux USA, où elle s'installe définitivement dans l'île des Monts-Déserts. Elle connaît le succès, avec *Mémoires d'Hadrien* (1951), fausse autobiographie de l'empereur romain helléniste du IIe siècle. *L'œuvre au Noir*, est publié en 1968. Elle choisit la distance de l'Histoire pour mieux parler de l'être humain, à travers une écriture classique et épurée. En 1980, elle est la première femme élue à l'Académie française.

Pour mieux comprendre

que je fusse aimé : forme passive du v. *aimer* (être aimé) à l'imparfait du subjonctif.

austère : dur et triste.

les frères aînés : les frères plus âgés que le narrateur.

rapprocher : devenir plus proche, plus confiant, plus affectueux.

expansif, expansive : qui montre ses sentiments.

le rayonnement égal : la lumière des lampes est toujours la même.

à peine : presque pas, très peu.

empêcher : faire en sorte que quelque chose ne se produise pas.

se figurer : s'imaginer.

rassurant : qui donne confiance, qui sécurise.

paisible : tranquille, qui apporte la paix.

Découverte

1 Repérez le pronom personnel. Quel type d'extrait est proposé ?

2 Lisez la première phrase. Imaginez l'éducation d'Alexis.

3 En parcourant le texte des yeux, on remarque beaucoup de points-virgules (;). Quelle est la valeur de cette ponctuation ?

4 Au début du texte, Alexis dit « j'étais de nature maladive ». Retrouvez, à la fin de l'extrait, un autre qualificatif qui le concerne.

Exploration

1 Lisez tout le texte. Quelle est la place d'Alexis parmi ses frères et sœurs ?

....

....

2 Repérez les membres de la famille et ce que le narrateur dit d'eux (du début jusqu'à « ensemble. »). Comment peut-on caractériser cette famille ? (Utilisez un terme du texte).

....

....

3 « Rien ne rapproche les êtres comme d'avoir peur ensemble. » Comment comprenez-vous cette phrase ? Pourquoi est-elle au présent ?

....

....

4 Relevez la comparaison. Qui est comparé à quoi ? Expliquez cette image en vous appuyant sur les deux expressions qui viennent juste après.

....

....

5 Quelle image Alexis a-t-il des femmes ? Recherchez dans le texte des termes qui la caractérisent.

....

....

6 Quels sentiments éprouvez-vous en lisant ce texte ? Y a-t-il dans la littérature de votre pays des récits d'enfance triste ? Comparez-les avec celui d'Alexis.

....

....

....

....

....

Cahier d'un retour
au pays natal

Le poète fait une peinture accablante de l'île de la Martinique, meurtrie, aban-donnée. C'est aussi une prise en compte polémique et poétique de la couleur de la peau noire face à tous les colons blancs.

C'est un homme seul dans la mer inféconde de sable blanc
c'est un moricaud vieux dressé contre les eaux du ciel
La mort décrit un cercle brillant au-dessus de cet homme
la mort étoile doucement au-dessus de sa tête
la mort souffle, folle, dans la cannaie mûre de ses bras   5
la mort galope dans la prison comme un cheval blanc
la mort luit dans l'ombre comme des yeux de chat
la mort hoquette comme l'eau sous les Cayes
la mort est un oiseau blessé
la mort décroît   10
la mort vacille
la mort est un patyura ombrageux
la mort expire dans une blanche mare de silence

Aimé Césaire, *Cahier d'un retour au pays natal* (1939), Paris, Présence africaine, 1956.

Aimé Césaire

est né en 1913 à la Martinique et a fait ses études à Fort-de-France. Il intègre l'E.N.S (École normale supérieure) à Paris, rencontre Léopold Sédar Senghor et fonde la revue *L'Étudiant noir* en 1934. En 1939, il invente le concept de « négritude » : la simple « reconnaissance du fait d'être noir, [...] de notre histoire et de notre culture ». Il adhère un moment au parti communiste. Professeur de lettres à la Martinique, il dirige la revue *Tropiques*. Ses écrits témoignent d'une prise de conscience politique et existentielle. Dans sa poésie : *Cahier d'un retour au pays natal* (1939), *Moi, laminaire* (1982), son théâtre : *La tragédie du roi Christophe* (1963), *Une saison au Congo* (1966), il lutte pour la cause des Noirs, élargie à celle de tous les hommes exploités et privés de liberté.

Pour mieux comprendre

infécond : qui ne produit rien ; stérile, infertile.

moricaud : qui a le teint brun, basané.

dresser : être debout, se tenir droit.

étoiler : répandre des étoiles.

la cannaie : plantation de cannes à sucre.

galoper : aller au galop (sur un cheval) ; courir vite.

luire : briller, répandre de la lumière.

hoqueter : produire un bruit sortant de la gorge par saccade.

décroître : baisser, diminuer ; s'affaiblir.

les Cayes : ce sont des rochers de corail.

vaciller : être sur le point de tomber ; chanceler.

un patyura : petit mammifère d'Amérique du Sud, qui brille la nuit.

ombrageux : se dit d'un animal ou d'un homme qui s'inquiète, qui a peur de l'ombre.

expirer : être sur le point de mourir.

la mare : petite étendue d'eau stag-nante et peu profonde.

Découverte

1 Comment comprenez-vous le titre *Cahier d'un retour au pays natal* ?

2 Quel est le genre de texte proposé ? Quels indices vous permettent de l'identifier ?

3 En parcourant le texte du regard, relevez les mots (ou groupes de mots) qui reviennent.

4 Lisez le premier vers et dites ce que vous ressentez.

Exploration

1 Dans les deux premières phrases de l'extrait, par quel mot « homme » est-il remplacé ? Qu'apporte cet autre mot ?

....

....

2 Lisez le poème et relevez les indices de lieu. Quel est l'univers de cet homme ?

....

....

3 Combien de fois « la mort » est-elle reprise dans le poème ? Que veut dire le poète par rapport à l'homme noir ?

....

....

4 Le poète parle de la mort comme d'une personne : relevez les verbes qui se rapportent à la mort. Dites l'effet produit par leur succession.

....

....

5 Lisez le dernier vers à haute voix. Repérez les sons qui se répètent (assonances et allitérations) et les deux mots proches par la prononciation. Quel est l'effet produit ?

....

....

....

6 Que ressentez-vous à la lecture de ce poème ?

....

....

....

....

....

L'étranger

Marie Cardona, une ancienne dactylo du bureau de Meursault (l'étranger) vient le retrouver.

Le soir, Marie est venue me chercher et m'a demandé si je voulais me marier avec elle. J'ai dit que cela m'était égal et que nous pourrions le faire si elle le voulait. Elle a voulu savoir alors si je l'aimais. J'ai répondu comme je l'avais déjà fait une fois, que cela ne signifiait rien mais que sans doute je ne l'aimais pas. 5
« Pourquoi m'épouser alors ? » a-t-elle dit. Je lui ai expliqué que cela n'avait aucune importance et que si elle le désirait, nous pouvions nous marier. D'ailleurs, c'était elle qui le demandait et moi je me contentais de dire oui. Elle a observé alors que le mariage était une chose grave. J'ai répondu : « Non. » Elle s'est tue un moment et 10
elle m'a regardé en silence. Puis elle a parlé. Elle voulait simplement savoir si j'aurais accepté la même proposition venant d'une autre femme, à qui je serais attaché de la même façon. J'ai dit : « Naturellement ». Elle s'est demandé alors si elle m'aimait et moi, je ne pouvais rien savoir sur ce point. Après un autre moment de 15
silence, elle a murmuré que j'étais bizarre, qu'elle m'aimait sans doute à cause de cela mais que peut-être un jour je la dégoûterais pour les mêmes raisons. Comme je me taisais, n'ayant rien à ajouter, elle m'a pris le bras en souriant et elle a déclaré qu'elle voulait se marier avec moi. J'ai répondu que nous le ferions dès qu'elle le 20
voudrait. (…)

Albert Camus, *L'étranger*, Paris, © Gallimard, 1957.
(Première édition en 1942).

Albert Camus

(Alger,1913 – Sens, 1960)
Il est, avec Jean-Paul Sartre, une figure emblématique de la philosophie française. Orphelin de père très tôt, il est élevé en Algérie par sa mère, femme de ménage d'origine espagnole, et analphabète. Excellent élève, il fait des études de philosophie. Résistant pendant la Seconde guerre mondiale, il devient rédacteur en chef du journal *Combat. L'étranger* (roman) et *Le mythe de Sisyphe* (essai) paraissent en 1942, *Caligula* et *Le malentendu* (théâtre) en 1944. Dans ces œuvres, il développe une conception philosophique de l'absurde et ses conséquences : la révolte, la liberté, la passion. Son humanisme lucide se retrouve dans *La peste* (1947), *L'homme révolté* (1951), *La chute* (1956). En 1957, il reçoit le prix Nobel de littérature et dédie son discours de réception à son instituteur, qui lui a permis de poursuivre ses études.

Pour mieux comprendre

cela m'était égal : cela ne m'intéressait pas.

se contenter de : faire le minimum, ne rien dire ou demander de plus.

être attaché à quelqu'un : avoir un sentiment d'affection pour quelqu'un.

elle s'est tue : passé composé du v. *se taire* (imparfait : *je me taisais*), s'arrêter de parler.

murmurer : parler à voix très basse.

dégoûter quelqu'un : lui inspirer du dégoût, de la répugnance.

Découverte

1 Lisez la première phrase. De quoi s'agit-il ? Qu'est-ce qui est inhabituel dans cette phrase ?

2 Lisez maintenant la dernière phrase. La réponse est-elle celle que vous attendiez ?

3 Relevez les passages entre guillemets. Lesquels vous semblent en contradiction avec la dernière phrase ?

Exploration

1 Lisez le texte jusqu'à « non ». Relevez les réponses de Meursault (« je ») qui ont un sens négatif. Quelle est son attitude face à la demande en mariage et aux sentiments de Marie ?

....

....

2 « Si elle le voulait » ; « si elle le désirait » ; « c'était elle qui le demandait » : quelle est la position de Meursault ?

....

....

3 Dans la partie suivante, relevez ce que fait Marie et ce que fait Meursault. Que constatez-vous ?

....

....

....

4 Dans tout le texte, repérez les verbes qui introduisent la parole de Meursault. Comment analysez-vous ce choix de l'auteur ?

....

....

....

5 À la fin du texte, comment Marie qualifie-t-elle Meursault ? Qu'en pensez-vous ?

....

....

....

6 Imaginez un dialogue entre Marie et Meursault au sujet du mariage.

....

....

....

....

Huis clos

Scène V
Inès, Garcin, Estelle
Un salon style Second Empire. Un bronze sur la cheminée.

GARCIN

(...) Le bronze… *(Il le caresse.)* Eh bien, voici le moment. Le bronze est là, je le contemple et je comprends que je suis en enfer. Je vous dis que tout était prévu. Ils avaient prévu que je me tiendrais devant cette cheminée, pressant ma main sur ce bronze, avec tous ces regards sur moi. Tous ces regards qui me mangent… *(Il se retourne brusquement.)* Ha ! vous n'êtes que deux ? Je vous croyais beaucoup plus nombreuses. *(Il rit.)* Alors, c'est ça l'enfer. Je n'aurai jamais cru… Vous vous rappelez : le soufre, le bûcher, le gril… Ah ! quelle plaisanterie. Pas besoin de gril : l'enfer, c'est les Autres.

ESTELLE

Mon amour !

GARCIN, *la repoussant.*

Laisse-moi. Elle est entre nous. Je ne peux pas t'aimer quand elle me voit.

ESTELLE

Ha ! Eh bien, elle ne nous verra plus.
Elle prend le coupe-papier sur la table, se précipite sur Inès et lui porte plusieurs coups.

INÈS, *se débattant et riant.*

Qu'est-ce que tu fais, qu'est-ce que tu fais, tu es folle? Tu sais bien que je suis morte.

ESTELLE

Morte ?
Elle laisse tomber le couteau. Un temps. Inès ramasse le couteau et s'en frappe avec rage.

INÈS

Morte ! Morte ! Morte ! Ni le couteau, ni le poison, ni la corde. C'est déjà fait, comprends-tu ? Et nous sommes ensemble pour toujours.
Elle rit.

Jean-Paul Sartre, *Huis clos*, pièce en un acte (1944), Paris, © Gallimard, 1947.

Jean-Paul Sartre

(Paris 1905-1980)
Figure emblématique de l'intellectuel engagé, il a marqué le XXᵉ siècle. Agrégé de philosophie en 1929, il rencontre Simone de Beauvoir, la compagne de sa vie, avec laquelle il partagera ses engagements politiques. Ses écrits abordent tous les domaines : la philosophie (*L'Être et le Néant,* 1940), le théâtre (*Les mains sales*, 1938, *Huis clos*, 1944), le roman, (*La Nausée*, 1938), l'essai (*Réflexions sur la question juive*, 1946), la critique littéraire (*Baudelaire*, 1947), l'autobiographie, (*Les Mots*, 1963). Il fonde l'existentialisme athée. En 1963, il refuse le prix Nobel de littérature.

Sartre a influencé la jeunesse par ses prises de position politiques. Il voyage à Cuba, en Chine… Il participe à la création du quotidien *Libération* en 1973. Cinquante mille personnes suivent son enterrement en 1980.

Pour mieux comprendre

un huis clos : toutes portes fermées ; un procès à huis-clos a lieu sans public.

un bronze : objet d'art en métal sculpté dans un alliage de cuivre et d'étain. Au sens figuré : dur et insensible.

le soufre : principe chimique de couleur jaune lié à la condensation du feu.

Un bûcher : tas de morceaux de bois sur lequel on brûlait les condamnés.

un gril : ustensile de cuisine constitué de tiges métalliques et sur lequel on fait cuire de la viande.

une corde : lien en textile passé autour du cou avec lequel on mettait quelqu'un à mort.

l'existentialisme : pensée philosophique selon laquelle l'homme est responsable de lui-même, libre de ses choix et totalement engagé par ses actes .

Découverte

1 Regardez la présentation et les caractéristiques de cet extrait. De quel type de texte s'agit-il ?

2 Il y a un homme, Garcin, et deux femmes, Inès et Estelle. Imaginez la situation.

3 Relevez les indications du décor données avant le dialogue et dites où se déroule la scène.

4 Quel est le titre de l'œuvre ? Lisez sa définition dans la rubrique *Pour mieux comprendre* et imaginez ce qui risque de se passer dans ce type de situation.

Exploration

1 Lisez le texte. Où se trouvent réellement les personnages ? Quelle relation faites-vous avec le titre ? Expliquez-le.

2 Selon les traditions et croyances populaires, à quoi font référence ces trois mots : le soufre, le bûcher, le gril. Dans votre culture, les représentations sont-elles les mêmes ?

3 Dans la première réplique de Garcin, relevez les trois pronoms personnels sujets et dites qui ils représentent.

4 Relevez tous les mots qui montrent que les personnages ne sont pas libres. Qu'en déduisez-vous par rapport à la symbolique du lieu où ils se trouvent ?

5 « Tous ces regards qui me mangent » À qui appartiennent ces regards et quel est le sens de cette métaphore ?

6 « L'enfer, c'est les Autres ». Pourquoi l'auteur a-t-il mis une majuscule à Autre(s) ? Quel sens donnez-vous à cette phrase ? Lisez la définition de l'existentialisme.

7 Donnez votre opinion sur la pensée existentialiste de Sartre.

Pour toi
mon amour

Je suis allé au marché aux oiseaux
Et j'ai acheté des oiseaux
Pour toi
mon amour
Je suis allé au marché aux fleurs   5
Et j'ai acheté des fleurs
Pour toi
mon amour
Je suis allé au marché à la ferraille
Et j'ai acheté des chaînes   10
De lourdes chaînes
Pour toi
mon amour
Et puis je suis allé au marché aux esclaves
Et je t'ai cherchée   15
Mais je ne t'ai pas trouvée
mon amour

Jacques Prévert, *Paroles*, Paris, © Gallimard, 1946.

Jacques Prévert

(Neuilly-sur-Seine 1900 – Omon-la-Petite, 1977) C'est l'un des rares poètes du XXe siècle connu par la majorité des Français. Tous les écoliers de France apprennent *Le cancre*, poème extrait de son recueil le plus célèbre, *Paroles*. *Histoires* (1946), autre recueil de poésie, est également très célèbre. Sa poésie est influencée par les surréalistes qu'il a fréquentés dans sa jeunesse. Proche du parti communiste, il dénonce l'oppression sociale, la guerre, la pollution et célèbre l'enfance, la liberté, la justice, l'amour de la femme mais aussi de l'être humain. Il est également scénariste des plus grands films français du répertoire classique : *Les visiteurs du soir* (1942), *Les enfants du paradis* (1945) de Marcel Carné. Auteur également de célèbres chansons comme *Les feuilles mortes*, et d'autres encore, immortalisées par Yves Montand, chanteur et acteur, compagnon d'Edith Piaf dans les années1950.

Pour mieux comprendre

la ferraille : de vieux morceaux de métal (fer) inutiles.

une chaîne : suite d'anneaux de métal servant à attacher les animaux, les prisonniers et les esclaves.

un/une esclave : une personne qui n'est pas libre, qui est sous le pouvoir absolu d'un maître.

Découverte

1 Lisez le titre. À qui s'adresse le poète. Que vous suggère ce titre ?

2 Maintenant, regardez le poème. Que remarquez-vous dans sa présentation visuelle ? Combien de parties voyez-vous ?

3 Lisez le poème. Comment savez-vous que le poète s'adresse à une femme ?

Exploration

1 Relisez et soulignez les répétitions exactes. Quel est l'effet produit ?

....

....

2 Où va le poète et qu'achète-t-il ? Quels objets sont surprenants dans cette liste ? À quoi vous font-ils penser ?

....

....

....

3 Dans la dernière partie, quel groupe de mots annonce que la recherche du poète va prendre fin ? Quel autre mot renvoie à la partie précédente ?

....

....

4 À quel moment l'amour du poète se transforme-t-il ? Que veut nous dire Prévert ?

....

....

....

5 Que pensez-vous du style poétique de Prévert ?

....

....

....

6 Partagez-vous la vision de l'amour du poète ? Présentez votre point de vue.

....

....

....

....

....

La Cantatrice
Chauve

Londres, intérieur d'un salon bourgeois anglais ; la famille Smith reçoit les Martin. On sonne trois fois : personne. À la quatrième sonnerie rentre le pompier.

Scène VIII

M. SMITH

Monsieur le Capitaine, laissez-moi vous poser, à mon tour, quelques questions.

LE POMPIER

Allez-y.

M. SMITH

Quand j'ai ouvert et que je vous ai vu, c'était bien vous qui aviez sonné ? 5

LE POMPIER

Oui, c'était moi.

M. MARTIN

Vous étiez à la porte ? Vous sonniez pour entrer ?

LE POMPIER

Je ne le nie pas.

M. SMITH, *à sa femme, victorieusement.*

Tu vois ? j'avais raison. Quand on entend sonner, c'est que quelqu'un sonne. Tu ne peux pas dire que le Capitaine n'est pas quelqu'un. 10

Mme SMITH

Certainement pas. Je te répète que je te parle seulement des trois premières fois puisque la quatrième ne compte pas.

Mme MARTIN

Et quand on a sonné pour la première fois, c'était vous ?

LE POMPIER

Non, ce n'était pas moi.

Mme MARTIN

Vous voyez ? On sonnait et il n'y avait personne. 15

Eugène Ionesco, *La Cantatrice chauve*, Scène VIII, Paris, © Gallimard, 1950.

Eugène Ionesco

est né en Roumanie, en 1912, d'un père roumain et d'une mère française. Il s'installe définitivement en France en 1938. Ses premières pièces, *La Cantatrice chauve* (1950) et *La Leçon* (1951), sont jouées depuis trente ans dans un petit théâtre du Quartier latin ; *Les Chaises* (1952), *Rhinocéros* (1960), *Le roi se meurt* (1962) font scandale car elles s'attaquent aux formes traditionnelles du genre dramatique et elles retraduisent le malaise des êtres humains. Dans ses écrits critiques, *Notes et Contre-Notes* (1962), il refuse la psychologie, ses personnages n'ont pas d'identité, d'où l'absurdité des situations tragi-comiques de ses pièces. Son élection à l'Académie française en 1970 lui vaut la notoriété. Qualifiant son théâtre d'anti-théâtre, sa réflexion s'articule autour de la peur de la solitude, du bien et du mal, du péché et de la mort. Il meurt en 1994.

Pour mieux comprendre

un capitaine : un chef militaire (armée de terre, de mer, d'air), un officier.

nier : rejeter, contester.

victorieusement : d'une manière victo-rieuse, avec réussite. Adverbe formé sur le nom *victoire* (le succès, la conquête).

Découverte

1 Quel est le genre du texte proposé ? Quels indices vous permettent de répondre ?

2 Combien y a-t-il de personnages sur scène ? Où se trouvent-ils ?

3 Comment comprenez-vous le titre de la pièce ?

Exploration

1 Comparez la longueur des répliques de M. Smith et celles du pompier. Que constatez-vous ?
Que remarquez-vous dans la façon de parler de chacun ?

....

....

....

2 « Tu ne peux pas dire que *le Capitaine n'est pas quelqu'un* » : reformulez la partie en italique.
Quel est l'argument de M. Smith ?

....

....

....

3 « *À sa femme, victorieusement* » : qu'indique cette didascalie sur le comportement
de M. Smith ? Analysez la logique de son raisonnement.

....

....

....

4 Relisez les deux dernières répliques de Mme Martin et opposez-les à celles de M. Smith.
Comment caractérisez-vous ce type de dialogue ?

....

....

....

5 Qu'est-ce que Ionesco montre à travers ce type de conversation ? Comment qualifie-t-on
ce théâtre ?

....

....

....

....

....

En attendant Godot

Vladimir et Estragon sont deux clochards, plantés sous un arbre, qui attendent un certain Godot depuis l'acte 1. L'attente, ici, est toujours aussi vaine : Godot ne vient pas.

Samuel Beckett

est né en 1906 à Dublin dans la bourgeoisie protestante irlandaise. Il termine ses études de français et d'italien et vient à Paris en 1928 comme lecteur à L'E.N.S (École normale supérieure), où il rencontre James Joyce. Ses errances en Europe le laissent sans illusions et le ramènent à Londres où il publie des romans d'abord en anglais : *Murphy* (1938), mais sa vocation reste le théâtre. Il entre dans la Résistance pendant la seconde guerre mondiale ; il publie en français *En attendant Godot* (1953), *Fin de partie* (1957), *Oh ! les beaux jours* (1963). Il reçoit le prix Nobel de littérature en 1969. Son théâtre est celui du reflet de la condition humaine, la hantise du néant, l'attente, l'ennui et la solitude. Il passe la majeure partie de sa vie en France où il meurt en 1989.

ESTRAGON – Je suis fatigué. *(Un temps.)* Allons-nous-en.

VLADIMIR – On ne peut pas.

ESTRAGON – Pourquoi ?

VLADIMIR – On attend Godot.

ESTRAGON – C'est vrai. *(Un temps.)* Alors comment faire ? 5

VLADIMIR – Il n'y a rien à faire.

ESTRAGON – Mais moi je n'en peux plus.

VLADIMIR – Veux-tu un radis ?

ESTRAGON – C'est tout ce qu'il y a ?

VLADIMIR – Il y a des radis et des navets. 10

ESTRAGON – Il n'y a plus de carottes ?

VLADIMIR – Non. D'ailleurs tu exagères avec les carottes.

ESTRAGON – Alors donne-moi un radis. *(Vladimir fouille dans ses poches, ne trouve que des navets, sort finalement un radis qu'il donne à Estragon qui l'examine, le renifle.)* Il est noir ! 15

VLADIMIR – C'est un radis.

ESTRAGON – Je n'aime que les roses, tu le sais bien !

VLADIMIR – Alors tu n'en veux pas ?

ESTRAGON – Je n'aime que les roses !

VLADIMIR – Alors rends-le moi ! *(Estragon le lui rend.)* 20

ESTRAGON – Je vais chercher une carotte. *(Il ne bouge pas.)*

VLADIMIR – Cela devient vraiment insignifiant.

ESTRAGON – Pas encore assez *(Silence.)*

VLADIMIR – Si tu les essayais ?

ESTRAGON – J'ai tout essayé. 25

VLADIMIR – Je veux dire, les chaussures.

ESTRAGON – Tu crois ?

VLADIMIR – Ça fera passer le temps. *(Estragon hésite.)* Je t'assure ce sera une diversion.

ESTRAGON – Un délassement. 30

VLADIMIR – Une distraction.

ESTRAGON – Un délassement.

VLADIMIR – Essaie.

ESTRAGON – Tu m'aideras ?

VLADIMIR – Bien sûr. 35

ESTRAGON – On se débrouille pas trop mal, hein, Didi, tous les deux ensemble ?

VLADIMIR – Mais oui, mais oui. Allez, on va essayer le gauche d'abord.

ESTRAGON – On trouve toujours quelque chose, hein Didi, pour nous donner l'impression d'exister ? 40

Samuel Beckett, *En attendant Godot*, acte II, Paris, Éditions de Minuit, 1953.

Pour mieux comprendre

l'estragon : plante aromatique.
insignifiant : qui n'a pas d'importance.
un délassement : détente, amusement.

une distraction : un divertissement.
une diversion : un divertissement.

Découverte

1 Quel est le genre du texte proposé ?

2 Identifiez les personnages. Combien sont-ils ? À quoi vous font penser leurs noms ?

3 Quel est le titre de la pièce ? Comment le comprenez-vous ?

Exploration

1 Lisez le début du dialogue jusqu'à « Veux-tu un radis ? » : qui dit « je » et qui dit « on » ? Comment peut-on caractériser leur comportement ? Dans quelle situation sont-ils ?

2 Que signifient les indications *un temps* et *silence* ?

3 Que propose Vladimir pendant l'attente ? Sa proposition semble-t-elle logique ? Y a-t-il une continuité dans leur dialogue ?

4 « Estragon – Je vais chercher une carotte *(Il ne bouge pas)* » : relevez la contradiction de ces deux phrases. À quoi sert cette parole ?

5 De « Si tu les essayais ? » à « « Essaie », relevez les répétitions et dites à quoi elles servent.

6 Lisez la dernière réplique d'Estragon : que ressentez-vous et comment interprétez-vous cette phrase ?

7 Imaginez un décor et jouez cette scène.

Il n'aurait fallu

Louis Aragon

(Paris 1897-1982)
Il est le fils naturel de Marguerite Toucas et d'un homme politique, de trente ans son aîné. La mère fait passer l'enfant pour son frère.
Il participe à la création du dadaïsme, puis du surréalisme, avec Breton et Éluard. En 1926, paraît *Le paysan de Paris,* prose surréaliste, qui connaît un grand succès. Il s'inscrit au Parti communiste en 1927. L'année suivante, il rencontre une jeune écrivaine russe, Elsa Triolet, qui deviendra sa muse, son épouse. Pendant la guerre civile espagnole, il combat auprès des Républicains, s'engage dans la Résistance lors de la Seconde Guerre mondiale. *Le Crève-Cœur* (1941*), Cantique à Elsa* (1942), *Les yeux d'Elsa* (1942), *La Diane française* (1946), exaltent l'amour, la révolte, l'espérance. Après la guerre, célèbre et puissant, il continue de militer au Parti communiste, reçoit le prix Lénine de la paix (1957) et poursuit son œuvre créatrice : *Le fou d'Elsa* (1963), *Élégie à Pablo Neruda* (1966), *Henri Matisse, roman* (1971).

Il n'aurait fallu
Qu'un moment de plus
Pour que la mort vienne
Mais une main nue
Alors est venue   5
Qui a pris la mienne

Qui donc a rendu
Leurs couleurs perdues
Aux jours aux semaines
Sa réalité   10
À l'immense été
Des choses humaines

Moi qui frémissais
Toujours je ne sais
De quelle colère   15
Deux bras ont suffi
Pour faire à ma vie
Un grand collier d'air

Rien qu'un mouvement
Ce geste en dormant   20
Léger qui me frôle
Un souffle posé
Moins Une rosée
Contre mon épaule

Un front qui s'appuie   25
À moi dans la nuit
Deux grands yeux ouverts
Et tout m'a semblé
Comme un champ de blé
Dans cet univers   30

Un tendre jardin
Dans l'herbe où soudain
La verveine pousse
Et mon cœur défunt
Renaît au parfum   35
Qui fait l'ombre douce

Louis Aragon, *Le roman inachevé*, Paris, © Gallimard, 1956.

Pour mieux comprendre

frémissais : v. *frémir,* faire un mouve-ment très faible, trembler un peu.
frôle : v. *frôler,* toucher légèrement.
la rosée : de petites gouttes d'eau qui se déposent le matin sur l'herbe.

la verveine : plante qui sent bon et dont on se sert pour faire de la tisane ou de la liqueur.
défunt : mort.

Découverte

1 Repérez le titre du recueil d'où est extrait ce poème. Quelles suppositions pouvez-vous faire ?

2 Comptez le nombre de strophes et le nombre de vers qui les composent Que constatez-vous ? Qu'en déduisez-vous ?

3 Observez l'ensemble du poème : qu'est-ce qui n'apparaît pas ? Comment interprétez-vous cette particularité ?

4 Lisez tout le poème. Que ressentez-vous ? À qui est-il adressé, à votre avis ?

Exploration

1 Relevez les rimes. Que constatez-vous ? Quel rythme ce choix donne-t-il à la lecture ?

....

....

....

2 Quelle opposition est contenue dans la première strophe ?

....

....

3 Quelles parties du corps de la femme le poète privilégie-t-il ? Quelle image donne-t-il de celle-ci ?

....

....

4 Dans la troisième strophe, comment comprenez-vous les trois derniers vers ?

....

....

5 Quatrième strophe : soulignez les mots qui font partie du champ lexical de la légèreté. Que ressentez-vous à la lecture de cette strophe ?

....

....

6 Dans les deux dernières strophes, comment se dessine l'idée d'un monde qui ressemble au paradis ?

....

....

7 Quel titre donneriez-vous à ce poème en sachant que « Il n'aurait fallu » n'est pas le titre donné par Aragon ?

....

....

La modification

Le narrateur quitte Paris pour retrouver sa maîtresse à Rome. Il entre dans le train et va prendre sa place.

Un homme à votre droite, son visage à la hauteur de votre coude, assis en face de cette place où vous allez vous installer pour ce voyage, un peu plus jeune que vous, quarante ans tout au plus, plus grand que vous, pâle, aux cheveux plus gris que les vôtres, aux yeux clignotants derrière des verres très grossissants, aux 5 mains longues et agitées, aux ongles rongés et brunis de tabac, aux doigts qui se croisent et se décroisent nerveusement dans l'impatience du départ, selon toute vraisemblance le possesseur de cette serviette noire bourrée de dossiers dont vous apercevez quelques coins colorés qui s'insinuent par une couture défaite, et de livres 10 sans doute ennuyeux, reliés, au-dessus de lui comme un emblème, comme une légende qui n'en est pas moins explicative, ou énigmatique, pour être une chose, une possession et non un mot, posée sur le filet de métal aux trous carrés, et appuyée sur la paroi du corridor,

cet homme vous dévisage, agacé par votre immobilité debout, 15 ses pieds gênés par vos pieds ; il voudrait vous demander de vous asseoir, mais les mots n'atteignent même pas ses lèvres timides, et il se détourne vers le carreau, écartant de son index le rideau bleu baissé dans lequel est tissé le sigle S.N.C.F.

Michel Butor, *La modification*, Paris, Éditons de minuit, 1957.

Michel Butor

est né à Lille en 1926. En 1929, sa famille s'installe à Paris où il fait des études de lettres et de philosophie. Grâce à son père qui travaille aux chemins de fer, il prend vite goût aux voyages. Il part enseigner la philosophie en Grèce, en Égypte et aux États-Unis. Il se passionne pour la littérature qu'il relie à ses parcours autour du monde (Japon, Australie). En 1968, il rentre en France, enseigne la philosophie, puis est nommé professeur à Genève. Romancier, critique littéraire, influencé par Joyce et Dos Passos, il représente le Nouveau Roman : refus de la psychologie, de la chronologie, abandon des formes traditionnelles. Ses romans : *Passage de Milan* (1954), *La modification* (1957, prix Renaudot), *L'Emploi du temps* (1956), ses essais : *Répertoires* (1960-1982), obligent le lecteur à adopter un comportement distancié et actif par rapport à la lecture.

Pour mieux comprendre

(s') installer : s'asseoir, prendre place (dans un endroit).

pâle : couleur proche du blanc, terne.

clignotants : à cause des battements des cils.

des mains agitées : qui bougent, font des mouvements.

ronger ses ongles : couper ses ongles avec ses dents.

bruni : jaune foncé.

une serviette bourrée : un sac à compartiments rempli de documents (cartable, attaché-case).

Un emblème : un symbole.

s'insinuer : se glisser (le sac est décousu et laisse voir la couleur des feuilles qui sont à l'intérieur).

reliés : du v. *relier* ; des livres reliés ont souvent une couverture en cuir.

la légende : explication (qui accompagne des documents historiques, etc.).

être agacé (par quelqu'un) : être énervé, irrité par quelqu'un.

S.N.C.F. : sigle du *Service national des communications ferroviaire*s (chemins de fer).

Découverte

1 Lisez les informations dans le chapeau. Que fait le narrateur ?

2 Lisez le texte jusqu'à « quarante ans tout au plus » : repérez le pronom personnel et les indications de lieu.

3 Combien y a-t-il de personnages ?

4 Par quel mot celui qui entre est-il désigné ? Cette désignation est-elle habituelle dans un récit ? Quels sont les pronoms personnels normalement attendus ?

Exploration

1 Quel est le temps principal du texte ? Quelle est sa valeur dans un texte narratif ?

....

....

2 Relisez le début du texte jusqu'à « du départ ». Qui observe qui ? Soulignez les détails qui décrivent la personne observée. Que constatez-vous ?

....

....

....

3 « …comme un emblème, comme une légende » : trouvez le terme comparé. Comment comprenez-vous le sens de cette comparaison ? Quel est le milieu social de cet « homme » ?

....

....

....

4 Dans le deuxième paragraphe, comment comprenez-vous le passage entre les deux paragraphes ? Est-ce habituel ?

....

....

....

5 Désormais, qui regarde ? Comment expliquez-vous le passage de « un homme » à « cet homme » ?

....

....

6 « (…) il voudrait vous demander… » : imaginez que l'homme assis décrit intérieurement l'homme debout. À vos plumes !

....

....

Mémoires
d'une jeune fille rangée

Simone de Beauvoir

(Paris 1908-1986)
Philosophe, romancière, essayiste, dramaturge, mémorialiste, Simone de Beauvoir est l'une des grandes figures de l'intellectuelle engagée du XXe siècle.

À partir de la parution de son premier roman, *L'invitée* (1943), elle ne cessera d'écrire : *Le sang des autres* (1945), *Pour une morale de l'ambiguïté* (1947), *Le deuxième sexe* (1949), *Les Mandarins* (1954), *Mémoires d'une jeune fille rangée* (1958), *La force de l'âge* (1960), *La force des choses* (1963), *La vieillesse* (1970), *Tout compte fait* (1972), *La cérémonie des adieux* (1981) et de s'engager politiquement. Son itinéraire, inséparable de celui de Sartre et de la pensée existentialiste, n'y est cependant pas subordonné. Son œuvre, singulière et subversive, témoigne de la vie et des combats d'une femme présente au monde, sans concession. À partir des années soixante-dix, elle deviendra militante des mouvements féministes.

Je suis née à quatre heures du matin, le 9 janvier 1908, dans une chambre aux meubles laqués de blanc, qui donnait sur le boulevard Raspail. Sur les photos de famille prises l'été suivant, on voit de jeunes dames en robes longues, aux chapeaux empanachés de 5 plumes d'autruche, des messieurs coiffés de canotiers et de panamas qui sourient à un bébé : ce sont mes parents, mon grand-père, des oncles, des tantes, et c'est moi. Mon père avait trente ans, ma mère vingt et un, et j'étais leur premier enfant. Je tourne une page de l'album ; maman tient dans ses bras un bébé qui n'est pas moi ; je porte une jupe plissée, un béret, j'ai deux ans et demi, et ma sœur 10 vient de naître. J'en fus, paraît-il, jalouse, mais pendant peu de temps. Aussi loin que je me souvienne, j'étais fière d'être l'aînée : la première. Déguisée en chaperon rouge, portant dans mon panier galette et pot de beurre, je me sentais plus intéressante qu'un nourrisson cloué dans son berceau. J'avais une petite sœur : ce poupon 15 ne m'avait pas.

De mes premières années, je ne retrouve guère qu'une impression confuse : quelque chose de rouge, et de noir, et de chaud. L'appartement était rouge, rouges la moquette, la salle à manger Henri II, la soie gaufrée qui masquait les portes vitrées, et dans le 20 cabinet de papa les rideaux de velours ; les meubles de cet antre sacré étaient en poirier noirci ; je me blottissais dans la niche creusée sous le bureau, je m'enroulais dans les ténèbres ; il faisait sombre, il faisait chaud et le rouge de la moquette criait dans mes yeux. Ainsi se passa ma toute petite enfance. Je regardais, je palpais, j'apprenais 25 le monde, à l'abri.

Simone de Beauvoir, *Mémoires d'une jeune fille rangée*, Paris, © Gallimard, 1958.

Pour mieux comprendre

empanaché : mot construit sur *panache*, c'est-à-dire un ensemble de plumes serrées à la base et flottantes en haut, qui ornent les chapeaux.

un canotier : chapeau de paille à bords ronds et plat sur le dessus.

un panama : chapeau de paille, large et souple, que l'on portait l'été.

un poupon : un bébé.

la soie gaufrée : le tissu n'est pas lisse : il est orné de motifs en relief ou en creux.

la salle à manger Henri II : style de mobilier à la mode à la fin du XIXe siècle et au début du XXe, qui imitait le style massif en vogue, sous le règne du roi de France Henri II (1547-1559). Parfois, on teintait le bois en noir, comme dans le texte, les meubles « **en poirier noirci** ».

un antre : une caverne, une grotte. Un lieu qui peut parfois faire peur mais où l'on aime aussi se réfugier.

le cabinet : pièce où l'on trouve des livres, un bureau. (Terme vieilli).

Découverte

1 Dans la première phrase, repérez le pronom personnel, le temps du verbe et les notations de lieu et d'espace. Quel type de texte est proposé ?

2 L'auteure utilise trois moyens pour reconstituer son passé. Lesquels ?

3 Relevez les détails vestimentaires des personnages et l'ameublement de l'appartement. Pouvez-vous dire dans quel milieu social est née Simone de Beauvoir ?

4 Les deux « je » : lequel désigne la narratrice qui se souvient ? Lequel désigne l'enfant qu'elle fut ?

Exploration

1 Dans ce texte, on rencontre à la fois le présent et l'imparfait. Relevez quelques exemples et dites quelles sont leurs fonctions dans la narration.

....

....

....

2 « J'avais une petite sœur : ce poupon ne m'avait pas. » : relevez les oppositions contenues dans ce passage. Comment comprenez-vous cette phrase ?

....

....

3 « De mes premières années, je ne retrouve guère qu'une impression confuse… ». Comment l'auteure développe-t-elle cette impression de confusion ?

....

....

....

4 « Le cabinet de papa » : que fait la petite fille dans cette pièce ? Que ressent-elle ? Quelle valeur symbolique accorde-t-elle à cet endroit ?

....

....

5 À votre avis, quelle a été l'enfance de l'auteure ?

....

....

....

....

4. Paroles

Un tremblement de terre a eu lieu et a englouti un touriste. Le vieux Simm a juste eu le temps de l'apercevoir à sa fenêtre d'hôtel. Jaïs, sa femme, vient le chercher.

– Je ne peux pas partir, Jaïs. Pas avant de l'avoir sorti de là.

– Tu n'y arriveras jamais. Tu ferais mieux de rentrer avec moi à la maison. C'est la troisième fois que je reviens, que je trompe la surveillance des autorités. Demain, ils doublent leurs effectifs, personne ne pourra traverser le cordon sanitaire, comment ferais-je pour te 5 rejoindre ? Allons, tu viens ?… Mais réponds, Simm. Parle. Enfin, qui est cet homme ? Tu ne le connais même pas !

– Je le connais. Donne-moi un crayon et je te dessinerai chaque trait de son visage.

– Laisse-moi rire, Simm. Tu es une passoire, tu oublies tout ! 10

– Pas tout.

– Vous ne vous êtes même pas parlé !

– Je n'ai pas dit ça.

– Vous vous êtes parlé !… Mais en quelle langue ? Ce n'est pas parce que tu amasses des mots par-ci par-là, que tu peux prétendre… 15

– On ne s'est presque rien dit.

– Presque rien ?… Tu veux dire : rien.

– Rien, si tu veux ! Mais ce ne sont pas toujours les mots qui parlent.

– Tu deviens fou, Simm !

– Essaye de comprendre. Le jour se levait. Je m'en allais… quand sou- 20 dain une fenêtre s'est ouverte.

– Eh bien, quoi ? Continue… Qu'est-ce qu'il faisait à sa fenêtre ?

– Il regardait… La colline, le ciel, la mer, les toits…

– Et alors ?

– Chaque grain du paysage lui entrait dans la peau… Alors j'ai vu, moi 25 aussi ! J'ai senti cette terre, la mienne, qui battait dans ma poitrine. J'ai vu la vie, comme si c'était une première fois. Elle était à moi, à lui, à tous, en même temps, partout… C'est difficile à expliquer. C'était comme si, ensemble…

Andrée Chédid, *L'Autre*, Paris, Flammarion, 1969.

Andrée Chédid

est née au Caire, en 1920, de parents libanais séparés. Elle est mise en pension à dix ans et elle se découvre une passion pour l'anglais et le français. À quatorze ans, elle part pour l'Europe, termine ses études dans une université américaine en Égypte et, à vingt-six ans, s'installe en France, pays qu'elle ne quittera plus. Elle écrit de la poésie, du théâtre et surtout des romans : *L'Autre* (1969), *La Cité fertile* (1972), *Le sixième Jour* (1975). Son écriture, sensuelle mais aussi révoltée, est celle de la conciliation entre deux cultures, la rencontre avec l'Autre ; elle devient âpre quand elle dénonce la guerre civile qui déchire le Liban. Son œuvre pose les problèmes de la condition humaine, des liens qui tissent l'individu et le monde.

Pour mieux comprendre

les autorités : il s'agit des patrouilles de police qui défendent l'accès au village détruit par le séisme.

le cordon sanitaire : les gens qui s'occupent de la santé des personnes blessées.

un trait (du visage) : une ligne du visage.

une passoire : récipient percé de trous et utilisé pour égoutter des aliments (par exemple des pâtes).

amasser : recueillir, rassembler.

battait : v. *battre*, donner des coups (Simm sent que la vie fait du bruit dans son cœur).

Découverte

1 Regardez seulement l'extrait et dites quel type de texte est proposé.

2 Quel est le titre de cet extrait ? Analysez son sens.

3 Parcourez le texte du regard et repérez les noms propres des personnages.

4 Quelle est la situation ?

Exploration

1 Les deux premières lignes du dialogue : relevez les trois pronoms personnels et dites qui ils représentent.

....

....

2 « Je le connais » : quelle est la forme grammaticale de cette phrase ? Quelle image Simm donne-t-il de lui ?

....

....

3 « Tu es une passoire, tu oublies tout ! » : comment comprenez-vous cette métaphore ? Quel jugement porte Jaïs sur son mari ?

....

....

4 De « Vous ne vous êtes même pas parlé » à « les mots qui parlent » : relevez les mots ou expressions relatifs à la parole. Opposez les propos de Jaïs et de Simm. Quelle valeur chacun accorde-t-il aux mots ?

....

....

....

5 Relisez la dernière réplique de Simm. Qui transforme son regard sur sa vie et sa terre et quel est ce changement ?

....

....

6 Quelle place Andrée Chédid fait-elle à l'étranger ?

....

....

....

....

Espèces d'espaces

Georges Perec

(Paris, 1936 – Ivry, 1982)
Ses parents sont polonais.
Son père, blessé pendant la
Seconde Guerre mondiale, est
mort lorsqu'il avait quatre ans,
et sa mère a disparu dans le
camp de concentration
d'Auschwitz. Il devient
documentaliste en
neurophysiologie et entre à
l'Oulipo (ouvroir de littérature
potentielle) en 1967. Les
membres de ce groupe
(Raymond Queneau, Italo
Calvino…) créent de la
littérature en se donnant des
contraintes formelles (une
lettre qui ne doit pas
apparaître, par exemple). Perec
publie *Les choses* (1965), qui
obtient le prix Renaudot, *La
disparition* (1969), où la voyelle
« e » est interdite alors que
dans *Les revenentes* (1972),
c'est la seule permise. *Je me
souviens* (1978) a été adapté
au théâtre. La même année,
La vie mode d'emploi, histoires
qui s'emboîtent les unes dans
les autres, reçoit le prix Médicis.

---

la page

> *J'écris pour me parcourir*
> Henri Michaux

1

J'écris…

    J'écris : j'écris…
    J'écris : « j'écris…»
    J'écris que j'écris…
    etc.

J'écris : je trace des mots sur une page.
Lettre à-lettre, un texte se forme, s'affirme, s'affermit, se fixe, se fige :
une ligne assez strictement h
             o
              r
               i
                z
                 o
                  n
                   t
                 a
                 l
                e
                    se dépose sur la

                17

Georges Perec, *Espèces d'espaces*, Paris, Galilée, 1974.

Pour mieux comprendre

Michaux (Henri) : poète d'origine belge (1899-1984) qui a parcouru le monde ; son œuvre explore l'inconscient et le rêve. Il a écrit notamment *Un barbare en Asie* (1932) et créé le personnage de *Plume* en 1937.
s'affirmer : s'imposer, être sûr de soi.
parcourir : visiter un lieu dans tous les sens ; faire un trajet, aller d'un point à un autre.
s'affermir : devenir de plus en plus solide, de plus en plus fort.
se figer : s'immobiliser, garder la même attitude.

Découverte

1 Regardez l'extrait proposé. Que constatez-vous ?

2 Quel est le titre de cet extrait ? À quel chapitre du livre sommes-nous ?

3 Allez jusqu'au bout de ce qui est écrit. Quel mot n'apparaît pas ? Par quoi peut-on le remplacer ?

Exploration

1 Comment comprenez-vous la phrase de Michaux mise en exergue ?

....

....

2 Combien de fois est répété « j'écris » ? Comment interprétez-vous ces répétitions ?

....

....

3 Dans la partie « j'écris… », repérez les marques de ponctuation et la conjonction « que ». À quel jeu Perec se livre-t-il ? (Aidez-vous de ce que vous savez des fonctions de la ponctuation, de la conjonction.)

....

....

....

4 Suivez mot à mot ce que Perec dit de l'acte d'écrire. Sur quels aspects insiste-t-il ? De quelle dimension ne parle-t-il pas ?

....

....

5 La ligne qui s'écrit horizontalement est présentée verticalement. Quelle est l'intention de Perec ?

....

....

6 À votre avis, sommes-nous encore dans la littérature avec ce texte ? Présentez votre point de vue.

....

....

....

....

....

....

Désert

Lalla, une jeune fille marocaine, a émigré à Marseille depuis peu de temps et vit chez sa tante.

J-M. G. Le Clézio

Jean-Marie, Gustave Le Clézio est né à Nice en 1940 d'un médecin anglais et d'une mère française. Bilingue, il choisit le français, langue de ses ancêtres bretons émigrés à l'île Maurice. À vingt-trois ans, il obtient le prix Renaudot, pour *Le procès-verbal* (premier roman, 1963). En 1980, il est le premier à recevoir le prix Paul Morand pour l'ensemble de son œuvre. Il est élu le plus grand écrivain vivant de langue française en 1994. Fasciné par la mythologie indienne, il partage sa vie entre la France et le Mexique. Il publie de nombreux livres, des romans : *Désert* (1980), *Le chercheur d'or* (1985), *Voyage à Rodrigues* (1986), *Onitsha* (1991), *La quarantaine* (1992), des nouvelles : *Mondo et autres histoires* (1978), *Printemps et autres saisons* (1989), *Hasard suivi de Angoli Mala* (1999), des traductions de mythologies indiennes : *Les prophéties du Chilam Balam* (1977). Écrivain du voyage, de l'enfance, il dénonce la société industrielle et la perte de ses mythes.

Maintenant, elle a appris le nom des rues, en écoutant parler les gens. Ce sont des noms étranges, si étranges qu'elle les récite parfois à mi-voix, tandis qu'elle marche entre les maisons :
« La Major   5
La Tourette
Place de Lenche
Rue du Petit-Puits
Place Vivaux
Place Sadi-Carnot   10
La Tarasque
Impasse des Muettes
Rue du Cheval
Cours Belsunce ».

Il y a tant de rues, tant de noms ! Chaque jour, Lalla sort avant 15 que sa tante soit réveillée, elle met un vieux morceau de pain dans la poche de son manteau marron, et elle commence à marcher, à marcher, d'abord en faisant des cercles, autour du Panier, jusqu'à ce qu'elle arrive à la mer, par la rue de la Prison, avec le soleil qui éclaire les murs de l'Hôtel de Ville. Elle s'assoit un moment, pour 20 regarder passer les autos, mais pas trop longtemps parce que les policiers viendraient lui demander ce qu'elle fait là.

J-M. G. Le Clézio, *Désert*, Paris, © Gallimard, 1980.

Pour mieux comprendre

étrange : qu'on ne peut comprendre, bizarre ; le contraire de normal, habituel.

une impasse : petite rue qui n'a pas d'issue ; un cul-de-sac.

Un cours : mot utilisé dans le sud de la France et qui désigne une avenue servant de promenade. (Vient de l'italien *corso*.)

le Panier : quartier pauvre et prolétaire de Marseille.

l'Hôtel de Ville : bâtiment d'une grande ville où se trouve la municipalité, composée du maire, de ses conseillers et de l'administration.

une auto : abréviation de *automobile* ; une voiture.

Découverte

1 Regardez le texte et dites ce qui vous surprend dans sa présentation. Donnez un nom à cette forme de présentation.

2 Quel effet cela produit-il ?

3 Lisez le chapeau et dites où se passe l'histoire. Situez ce lieu sur une carte de France. Que constatez-vous ?

4 D'où vient Lalla ? Qu'en déduisez-vous sur sa situation ?

Exploration

1 Lisez la première phrase. Qu'a fait Lalla depuis son arrivée ?

....

....

2 Lisez tout le texte. Comment sont qualifiés les noms des rues et pourquoi ce qualificatif est-il répété ?

....

3 Pourquoi et comment récite-t-elle ces noms ?

....

....

4 Notez les différents endroits où elle va. Jusqu'où arrive-t-elle ? Que symbolisent ces lieux ?

....

....

5 Pensez-vous qu'elle sache exactement où elle va ? Justifiez votre réponse à l'aide du texte.

....

....

6 Dans la dernière phrase, que fait Lalla ? Expliquez « mais pas trop longtemps ».

....

....

7 Un(e) étranger(e) marche dans une ville inconnue… Continuez le récit.

....

....

....

....

....

La Place

La narratrice parle de son père qui est décédé.

Il était gai.

Il blaguait avec les clientes qui aimaient à rire. Grivoiseries à mots couverts. Scatologie. L'ironie, inconnue. Au poste, il prenait les émissions de chansonniers, les jeux. Toujours prêt à m'emmener au cirque, aux films *bêtes*, au feu d'artifice. À la foire, on montait dans le 5 train fantôme, l'Himalaya, on entrait voir la femme la plus grosse du monde et le Lilliputien.

Il n'a jamais mis les pieds dans un musée. Il s'arrêtait devant un beau jardin, des arbres en fleurs, une ruche, regardait les filles bien en chair. Il admirait les constructions immenses, les grands travaux 10 modernes (le pont de Tancarville). Il aimait la musique de cirque, les promenades en voiture dans la campagne, c'est-à-dire qu'en parcourant des yeux les champs, les hêtrées, en écoutant l'orchestre de Bouglione, il paraissait heureux. L'émotion qu'on éprouve en entendant un air, devant des paysages, n'était pas un sujet de conversation. 15 Quand j'ai commencé à fréquenter la petite-bourgeoisie d'Y..., on me demandait d'abord mes goûts, le jazz ou la musique classique, Tati ou René Clair, cela suffisait à me faire comprendre que j'étais passée dans un autre monde.

Annie Ernaux, *La Place*, Paris, © Gallimard, 1983.

Annie Ernaux

est née le 1er septembre 1940 à Villebonne, en Seine-Maritime. Elle passe son enfance et son adolescence à Yvetot, en Normandie où ses parents tiennent un café-épicerie. Elle est professeure agrégée de lettres modernes et vit à Cergy, dans une ville nouvelle, près de Paris. Ses romans explorent l'histoire de sa famille, de ses rapports avec ses parents (*Les armoires vides*, 1974, *La place*, Prix Renaudot en 1984, *La honte*, 1997), la passion amoureuse (*Une passion simple*, 1992). Son œuvre se situe entre la littérature, l'Histoire et la sociologie. Son écriture, aux phrases simples, brèves, souvent dures, est volontairement dépouillée.

En 2001, elle a publié *Se perdre*, fragments de son journal intime, et *L'occupation* en 2002.

Pour mieux comprendre

blaguer : plaisanter.

une grivoiserie : un propos gai et osé, grivois, sans être vulgaire.

la scatologie : propos très grossiers.

lilliputien : très petit, minuscule.

le poste : terme utilisé par les gens modestes pour désigner la radio.

les filles bien en chair : des filles aux formes épanouies mais sans être grosses.

le pont de Tancarville : ouvert en 1959, il rapproche les rives de l'estuaire de la Seine, en Normandie.

Bouglione : un cirque très populaire en France.

la petite-bourgeoisie : la partie la moins aisée de la bourgeoisie, mais qui vit plutôt bien et essaie de copier les habitudes de la bourgeoisie.

une hêtrée (hêtraie) : une forêt où sont plantés des hêtres (arbres de grande taille, au tronc lisse et gris).

Tati (Jacques) : (1908-1982), cinéaste qui a créé le personnage naïf et rêveur de Monsieur Hulot. Auteur de *Jour de fête* (1947-49), *Mon oncle* (1958), *Trafic* (1971)...

Clair (René) : (1898-1981), cinéaste dont les films poétiques se caractérisent par une recherche plastique et sonore. A réalisé *Sous les toits de Paris* (1930), *À nous la liberté* (1931), *La beauté du diable* (1950)...

Découverte

1 Regardez le texte avant de le lire. Comment est-il composé ?

2 Lisez la première ligne. Imaginez l'attitude de ce père avec sa petite fille.

3 Soulignez la première ligne du deuxième paragraphe et la première ligne du troisième paragraphe. Quelle peut-être la profession du père ? Quels peuvent être ses loisirs ?

4 Relevez les différents loisirs et classez-les selon qu'ils concernent le père et la fille, ou la fille seule. Dans quels milieux sociaux sont-ils pratiqués ?

5 Pourquoi « bêtes » est-il en italique ? À quel autre genre de films s'opposent les films « bêtes » ?

Exploration

1 Comment comprenez-vous la phrase non verbale : « L'ironie, inconnue ».

....

....

2 « Il n'a jamais mis les pieds dans un musée. » *Mettre les pieds quelque part* appartient à un registre de langue familier. La narratrice aurait pu employer *fréquenter*. Pourquoi, à votre avis, a-t-elle fait ce choix stylistique ?

....

....

3 Retrouvez dans le texte ce qui « n'était pas un sujet de conversation ». Quel trait de caractère du père est présenté ici ?

....

....

....

4 Relevez quelques imparfaits et comparez-les avec les deux passés composés. Quel rôle jouent ces deux temps ?

....

....

....

....

5 À votre tour, écrivez au passé le portrait d'un membre de votre famille.

....

....

....

....

L'amant

Marguerite Duras

(Gia-Dinh [Vietnam], 1914 – Paris, 1996) Écrivaine, dramaturge, scénariste et cinéaste, son œuvre est diverse. Elle passe une partie de son enfance en Indochine. En 1950, elle publie *Un barrage contre le Pacifique*, où elle évoque ses rapports douloureux avec sa mère, institutrice au Vietnam. *Moderato Cantabile* paraît en 1958 et annonce une écriture nouvelle, où la répétition devient musique et incantation, et le regard plus important que la narration. De 1943 à 1944, elle entre dans la Résistance, dans le même réseau que François Mitterrand, puis milite pour l'indépendance de l'Algérie (1962) et participe au mouvement féministe (1969). En 1959, auteure du scénario *Hiroshima mon amour*, elle écrit et réalise plusieurs films, dont *India Song* (1973) et *Le camion* avec Gérard Depardieu. *L'amant* (1984) obtient le Prix Goncourt et est adapté au cinéma par Jean-Jacques Annaud.

'homme élégant est descendu de la limousine, il fume une cigarette anglaise. Il regarde la jeune fille au feutre d'homme et aux chaussures d'or. Il vient vers elle lentement. C'est visible, il est intimidé. Il ne sourit pas tout d'abord. Tout d'abord il lui offre une cigarette. Sa main tremble. Il y a cette différence de 5 race, il n'est pas blanc, il doit la surmonter, c'est pourquoi il tremble. Elle lui dit qu'elle ne fume pas, non merci. Elle ne dit rien d'autre, elle ne lui dit pas laissez-moi tranquille. Alors il a moins peur. Alors il lui dit qu'il croit rêver. Elle ne répond pas. Ce n'est pas la peine qu'elle réponde, que répondrait-elle. Elle attend. Alors 10 il le lui demande : mais d'où venez-vous ? Elle dit qu'elle est la fille de l'institutrice de l'école de filles de Sadec. Il réfléchit et puis il dit qu'il a entendu parler de cette dame, sa mère, de son manque de chance avec cette concession qu'elle aurait achetée au Cambodge, c'est bien ça n'est-ce pas, oui c'est ça. 15

Il répète que c'est tout à fait extraordinaire de la voir sur ce bac. Si tôt le matin, une jeune fille belle comme elle l'est, vous ne vous rendez pas compte, c'est très inattendu, une jeune fille blanche dans un car indigène.

Marguerite Duras, *L'amant*, Paris, Éditions de Minuit, 1984.

Pour mieux comprendre

une limousine : une automobile luxueuse de six places.

un feutre : un chapeau.

une institutrice : un professeur d'école primaire.

Sadec : ville du Vietnam, en Asie du Sud-Est.

une concession : une terre donnée par l'État aux Français installés dans les colonies, notamment en Indochine (actuellement le Vietnam, le Laos et Cambodge).

un bac : un bateau plat servant à passer un fleuve, un lac.

un/une indigène : une personne qui est née dans le pays dont on parle. Sous la colonisation, ce terme désignait les natifs du pays colonisé et avait un sens péjoratif.

Découverte

1 Lisez le texte. Sur quel continent et dans quel pays se passe la scène ?

2 Qui sont les deux personnages ?

3 Dans le deuxième paragraphe, relevez l'endroit précis où se trouvent les deux personnages.

4 Donnez un titre à cet extrait.

Exploration

1 Relisez le texte. Quel est le temps principal de l'extrait ? Soulignez les phrases où les personnages parlent. Comment ces paroles sont-elles introduites ? Que remarquez-vous ?

....

....

2 Quel effet produit sur le lecteur cette manière de raconter ?

....

....

3 Les personnages n'ont pas de prénom. Comment sont-ils présentés ? Que pensez-vous de ce choix d'écriture ?

....

....

4 Faites le portrait des personnages à l'aide des informations données (vêtements, physique, attitude).

....

....

5 Par quelle phrase le lecteur découvre-t-il la différence entre l'homme et la jeune fille ? Présentez cette différence.

....

....

6 Relevez l'opposition contenue dans la dernière phrase. Imaginez la suite de l'histoire en vous reportant au titre du roman.

....

....

....

....

....

Fillette arabe
allant pour la première fois à l'école

Assia Djebar

Fille d'un instituteur, Assia Djebar, (pseudonyme de Fatima-Zohra Imalayène) est née le 4 août 1936 à Cherchell, près d'Alger. Elle intègre l'École normale supérieure de Sèvres. Journaliste, cinéaste (*La nouba des femmes du Mont Chénoua*, 1979, prix de la Critique internationale à Venise), elle poursuit une carrière universitaire à Alger puis aux États-Unis. Elle publie *L'amour, la fantasia* (1985, prix de l'Amitié franco-arabe), puis *Ombre sultane* (1987), *Loin de Médine* (1991), *Vaste est la prison* (1995), *Les nuits de Strasbourg* (1997), *La femme sans sépulture* (2002). De nombreux prix ont couronné son œuvre. Son écriture somptueuse, à la fois sensuelle, lyrique et précise, entre biographie et Histoire, fait entendre le murmure des femmes enfermées et le courage angoissé de celles qui conquièrent leur liberté. Dans ses livres, les soubresauts tragiques de l'histoire algérienne sont toujours présents.

Fillette arabe allant pour la première fois à l'école, un matin d'automne, main dans la main du père. Celui-ci, un fez sur la tête, la silhouette haute et droite dans son costume européen, porte un cartable, il est instituteur à l'école française. Fillette arabe dans un village du Sahel algérien.

Villes ou villages aux ruelles blanches, aux maisons aveugles. 5 Dès le premier jour où une fillette « sort » pour apprendre l'alphabet, les voisins prennent le regard matois de ceux qui s'apitoient, dix ou quinze ans à l'avance : sur le père audacieux, sur le frère inconséquent. Le malheur fondra immanquablement sur eux. Toute vierge 10 savante saura écrire, écrira à coup sûr « la » lettre. Viendra l'heure pour elle où l'amour qui s'écrit est plus dangereux que l'amour séquestré.

Assia Djebar, *L'amour, la fantasia*, Paris, Éditions Albin Michel, 1985.

Pour mieux comprendre

un fez : coiffe un peu carrée, rouge ou blanche, que portent les musulmans.

le Sahel : une région d'Afrique proche du désert.

matois : qui est rusé, qui manque de franchise.

s'apitoient : v. *s'apitoyer*, avoir de la pitié pour quelqu'un, le plaindre.

audacieux : qui a du courage.

inconséquent : qui ne réfléchit pas.

séquestré : qui n'est pas libre, qui est emprisonné.

Découverte

1 Lisez seulement le titre puis la première ligne et la dernière phrase du premier paragraphe. Quel effet produit la répétition ? Comment expliquez-vous l'absence d'article ?

2 Dans le premier paragraphe, repérez les indications de temps et de lieu.

3 Comment le père est-il habillé ? Qu'est-ce qu'il porte ? Quelle est sa profession ? À quelle époque se passe cette scène ?

4 Comment tient-il sa petite fille ?

Exploration

1 Deuxième paragraphe : « maisons aveugles » ; habituellement, l'adjectif qualifie des êtres animés, mais ici, ce sont les maisons. Comment interprétez-vous cette métaphore ?

....

....

2 À votre avis, pourquoi « sort » est-il entre guillemets ?

....

....

3 En regardant la fillette partir pour l'école, sur qui les voisins s'apitoient-ils ? Pourquoi, selon vous ?

....

....

4 « Fondra », « saura écrire », « viendra » : pourquoi les verbes conjugués sont-ils au futur ?

....

....

5 À votre avis, quelle est « la » lettre dont parle la narratrice ?

....

....

6 Comment comprenez-vous la dernière phrase ?

....

....

7 Imaginez le destin de cette petite fille.

....

....

....

....

Tu ne t'aimes pas

Mais comme s'aimer doit être délicieux... Y a-t-il un amour plus sûr, plus fidèle, réconfortant que celui-là... Auprès de cet amour, même le fameux amour des mères... et puis il a cet avantage que ne possède aucun amour : il ne disparaîtra qu'avec nous, nous sommes sûrs de ne pas lui survivre. 5

– Ceux qui s'aiment ont une grande chance... Mais ce n'est pas une chance... c'est ce qu'ils nous diraient... c'est un état naturel, ils s'aiment sans même y penser, ils s'aiment comme on respire... sinon comment peut-on vivre ?

– Oui, en effet, comment ? 10

– Eh bien, comme nous vivons. Pas si mal, après tout... nous nous débrouillons...

– Mais ceux qui s'aiment vivent mieux.

Nathalie Sarraute, *Tu ne t'aimes pas, Paris*, © Gallimard, 1989.

Nathalie Sarraute

(Russie, 1900 – Paris, 1999)
Russe de naissance et française d'éducation, Nathalie Tcherniak naît à Ivanovo. Son père ingénieur et sa mère écrivain divorcent peu après. Dès 1902, elle vit entre la Russie et Paris où, à partir de 1909, elle reste avec son père remarié. Après une licence d'anglais et de droit, elle épouse l'avocat R. Sarraute. En 1932, elle publie *Tropismes* que Sartre qualifie d'« anti-roman ». Ce premier livre constitue le point de départ et le cœur son œuvre. Elle recherche la mise à jour des états intérieurs, inexplorés, aux limites de la conscience. Dans sa déconstruction des formes traditionnelles du roman, elle rejoint, en 1955, le groupe du Nouveau Roman et y rencontre Duras, Butor...

Ses romans *L'ère du soupçon* (1956), *Le planétarium* (1959), *Les fruits d'or* (1963), *Vous les entendez ?* (1972), *L'usage de la parole* (1980), *Enfance* (1983), *Tu ne t'aimes pas* (1989), *Ici* (1995), et son théâtre : *Pour un oui ou pour un non* (1982) montrent « ces instants privilégiés où tout se détraque ».

Pour mieux comprendre

fidèle : constant, loyal, dont les sentiments ne changent pas.
réconfortant : qui calme, console et rassure.

survivre : vivre après la mort, rester en vie.
se débrouiller : sortir d'une situation confuse.

Découverte

1 Avant de lire, qu'observez-vous au début et entre chaque paragraphe ? À quoi vous fait penser ce type de présentation ?

2 Lisez le titre de l'œuvre dont est extrait le texte. Puis la première phrase. Selon vous, quel est le thème, le sujet de cet extrait ?

3 Lisez le texte et précisez le thème.

Exploration

1 « S'aimer » peut avoir un sens réfléchi *(s'aimer soi-même)* ou un sens réciproque *(s'aimer l'un l'autre)*. Quel est son sens ici ? De quel type d'amour s'agit-il dans le texte ?

....

....

2 Dans les deux premières phrases, relevez les quatre adjectifs qui qualifient ce type d'amour. Présentez ses qualités.

....

....

3 « Auprès de cet amour, même le fameux amour des mères… ». Que signifie « fameux » par rapport à cet amour ?

....

....

4 Quel est l'avantage de l'amour de soi ?

....

5 Qui parle à qui ? Relevez les pronoms personnels qui les représentent. Que constatez-vous ?

....

....

6 Quelle est la valeur des points de suspension ? Que signifient-ils ici ?

....

7 Que pensez-vous du style de cet extrait (pronoms, ponctuation, typographie…) ? Comparez avec des écrivains de votre pays.

....

....

8 Nathalie Sarraute ajoute, une page plus loin : « Mais ne croyez-vous pas qu'ils ont surtout été aidés… on a posé sur eux, depuis leur enfance, des regards d'amour, d'admiration… ». Quelle dimension cette citation donne-t-elle au texte que vous venez de lire ?

....

To a dark girl

T
u as laissé glisser sur moi
L'amitié d'un rayon de lune.
Et tu m'as souri doucement,
Plage au matin éclose en galets blancs.
Elle règne sur mon souvenir, ta peau olive   5
Où Soleil et Terre se fiancent.
Et ta démarche mélodie
Et tes finesses de bijoux sénégalais,
Et ton altière majesté de pyramide,
Princesse !   10
Dont les yeux chantent la nostalgie
Des splendeurs du Mali sous ses tables ensevelies.

Léopold Sedar Senghor, *Poèmes perdus*, in *Œuvre poétique*, Paris,
© Éditions du Seuil 1964, 1973, 1979, 1984 et 1990.

Léopold Sedar Senghor

(Sénégal, 1906 – France, 2001)
Il est né à Joal, ville côtière du Sénégal, dans une famille très aisée. Il intègre l'École normale supérieure à Paris. Premier Africain à obtenir l'agrégation de grammaire (1933), il deviendra professeur de lettres. Pendant ses études à Paris, il rencontre d'autres étudiants africains et antillais (Aimé Césaire) et, avec eux, il fondera le concept de négritude. Lors de la seconde guerre mondiale, il est fait prisonnier (1940-1942), puis il entre dans la Résistance. Son premier recueil de poésies, *Chants d'ombre*, est publié en 1945, suivi de *Hosties noires* et *Anthologie de la nouvelle poésie nègre et malgache de langue française* (1948), avec une préface de Sartre : *L'Orphée noir*. Premier Président de la République du Sénégal (1960-1980), il continuera à publier poésies et essais. En 1983, il est élu à l'Académie française. Son œuvre se confond avec l'Afrique, dont il chante l'Histoire et la civilisation.

Pour mieux comprendre

éclose : participe passé du v. *éclore* ; se dit d'une fleur qui s'ouvre.

un galet : petit caillou rond que l'on trouve au bord de la mer.

régner : exercer un pouvoir absolu (pour un roi) ; avoir une grande influence.

une olive : petit fruit vert ou noir, donné par l'olivier.

se fiancer : s'engager dans une promesse de mariage.

une mélodie : musique.

altier, altière : qui a une position élevée, qui exprime de la fierté.

la majesté : titre donné aux rois et reines (Sa Majesté) ; ce qui est grand et noble.

une pyramide : tombeau des pharaons égyptiens.

la nostalgie : tristesse, regret éprouvé quand quelque chose, quelqu'un nous manque ou a disparu.

la splendeur : chose d'une grande beauté, magnifique ; le luxe.

enseveli : enfoui sous la terre. On ne sait pas ce que sont « les tables ensevelies » du Mali. Peut-être fait-on ici allusion à la légende du prêtre Jean, dont le royaume s'étendait sur un immense territoire à partir de l'Afrique. Il aurait vécu dans un fabuleux palais dont les tables étaient en or et en améthyste.

Découverte

1 Lisez le poème et dites ce vous ressentez.

2 En français, le titre peut se traduire par : « À une fille à la peau sombre ». À votre avis, pourquoi Senghor a-t-il choisi de l'écrire en anglais ? (Relisez sa biographie).

3 Relevez les mots qui renvoient à des pays ; de quel continent est-il question ?

4 Repérez les points : quatre mouvements peuvent être dégagés. Encadrez-les. Comptez les vers qui les composent. Que pouvez-vous dire ?

5 Un vers est composé d'un seul mot. Retrouvez-le ; à qui renvoie ce mot et que signifie le point d'exclamation ?

Exploration

1 Dans les deux premiers mouvements, que fait la femme ? Quelle impression se dégage de ces vers ?

2 Quatrième vers : par quel mot « tu » est-il remplacé ? Comment comprenez-vous cette substitution ?

3 Dans ce même vers, à quel mot se rapporte « éclose » ? Le verbe « éclore » ne concerne normalement que les fleurs. Comment analysez-vous son utilisation, dans ce contexte ?

4 Cinquième vers : « Ta peau olive » est rejeté en fin de vers. Quelle est la valeur de ce rejet ? « Olive » n'est pas employé comme un nom. Que signifie ce choix du poète ?

5 Dans le quatrième mouvement, relevez les mots qui construisent le portrait de la Princesse. Qu'évoquent pour vous les termes choisis ?

6 Pour Senghor, la femme à la peau sombre symbolise l'Afrique. Choisissez un symbole pour chanter votre pays.

Comme un roman

Daniel Pennac

Né en 1944 au Maroc, il passe son enfance en Afrique et en Asie du Sud-Est, selon les postes de son père militaire. Il fait ses études à Nice et, avec une maîtrise de lettres, devient professeur. Ses premiers ouvrages sont pour la jeunesse : *Cabot caboche* (1982) *L'œil du loup* (1984) et, dès 1990, la série de *Kamo*. Ses deux premiers romans : *Au bonheur des ogres* (1985), *La fée carabine* (1987), publiés dans la « Série noire », ouvrent la série des aventures de Benjamin Mallaussène. Son troisième roman, *La petite marchande de prose*, lui apporte la notoriété suite à une émission culturelle très célèbre de la télévision française. *Monsieur Mallaussène* (1995), *Des Chrétiens et des Maures* (1997) continuent la série. *Comme un roman* (1992) est une réflexion sur la lecture chez les jeunes. Son style, truffé de néologismes, d'argot, traduit une vision tragi-comique de la vie moderne.

DANIEL PENNAC

Comme un roman

LES DROITS IMPRESCRIPTIBLES DU LECTEUR

1. Le droit de ne pas lire.
2. Le droit de sauter des pages.
3. Le droit de ne pas finir un livre.
4. Le droit de relire.
5. Le droit de lire n'importe quoi.
6. Le droit au bovarysme (maladie textuellement transmissible).
7. Le droit de lire n'importe où.
8. Le droit de grappiller.
9. Le droit de lire à haute voix
10. Le droit de nous taire.

nrf

92-II   A 72580   ISBN 2-07-072580-4   85 FF tc

9 782070 725809

Daniel Pennac, *Comme un roman*, Paris, © Gallimard, 1992.

Pour mieux comprendre

les droits : ensemble de règles et de principes.

imprescriptible : qui ne peut pas être changé.

le bovarysme : expression créée à partir du roman *Madame Bovary*, de Flaubert, écrivain du XIXe siècle. Emma Bovary, le personnage central de ce roman, représente l'insatisfaction romanesque. Elle rend sa vie quotidienne plus belle en lisant des livres sentimentaux, à l'eau de rose.

grappiller : prendre de-ci, de-là, au hasard.

Découverte

1 Sur quelle partie de la couverture d'un livre trouve-t-on ce type de texte ?

2 Qu'y trouve-t-on habituellement et quelle est sa fonction ?

3 Le titre de l'œuvre *Comme un roman* est une comparaison incomplète. Imaginez ce qui peut-être comparé à un roman.

4 Lisez le texte. À qui s'adresse-t-on et quel est le thème du livre ? Dites à quel genre littéraire il appartient (roman, essai, autobiographie, nouvelle, conte, etc.).

Exploration

1 Le sous-titre « les droits imprescriptibles du lecteur » fait penser à l'expression « les droits de l'homme ». Que veut faire ressentir Pennac ?

....

....

2 Lisez la liste des droits du lecteur. Pennac est-il sérieux ? Illustrez votre réponse par des exemples.

....

....

3 Comment interprétez-vous le droit n° 6 ? Aidez-vous de la rubrique *Pour mieux comprendre*.

....

....

4 Au droit n° 8, que peut faire le lecteur, selon Pennac ?

....

....

5 Les droits 9 et 10 s'opposent. Expliquez pourquoi.

....

6 Selon vous, quel est le droit essentiel qui résume ces dix droits énoncés par Pennac ?

....

7 Et vous, quel lecteur êtes-vous ?

....

....

....

....

....

....

Chemin d'école

En Martinique, le jeune narrateur, parlant créole, a déjà commencé l'apprentissage de la langue française à l'école. Le maître, créole, roule les R.

– Nous allons étudier, dit le Maître, le son A. Le A c'est la première lettrre de l'alphabet. Contrairement aux pommes, vous connaissez parrfaitement ce que je vais vous montrrer. Le nom de ce que vous allez voirr commence avec un A.

D'un sachet, il exhiba un fruit et le disposa avec soin sur le registre d'appel. 5

– Comment s'appelle ce fruit ? demanda-t-il triomphant après avoir accordé un long moment d'identification collective.

Il avait les mains jointes comme en action de grâce, sa tête penchée sur un côté semblait porter la charge de ses paupières dirigées vers le sol. 10
Un cri-bon-cœur fusa de l'assemblée :

– Un zanana, mêssié !

Le Maître eut un hoquet. Une agonie déforma son visage. Ses yeux devinrent des duretés étincelantes. *Morbleu !... Comment voulez-vous donc avancer surr la voie du savoirr avec un tel langage ! Ce patois de petit-* 15
nègrre vous engoue l'entendement de sa bouillie visqueuse !... Son indignation était totale. Sa compassion aussi. Il marchait à pas de rage, cherchant sur les figures défaites ceux qui avaient hurlé cette énormité. Une sueur éclaira son front et descendit abîmer la blancheur de son col. Il nous scrutait en circulant sans cesse de la colère à la pitié. Et le son de 20
sa voix contenait un tremblement brisé.

Patrick Chamoiseau, *Chemin d'école*, Paris, © Gallimard, 1994.

Patrick Chamoiseau

est né en 1953 à Fort-de-France, en Martinique. Il fait des études de droit et d'économie sociale en France et devient travailleur social, métier qu'il poursuit en Martinique. L'ethnographie l'inspire ; il s'intéresse aux traditions culturelles de son île et redécouvre le dynamisme de sa première langue, le créole, abandonné pendant ses études. Romancier, essayiste, il s'interroge sur la relation entre langue et identité : *Chronique des sept misères* (1986, prix de l'île Maurice), *Solibo magnifique* (1988), *Éloge de la créolité* (1989), *Chemin d'école* (1994), *Écrire en pays dominé* (1997) et *Texaco* (Prix Goncourt en 1992) qui l'établit comme le représentant du mouvement créoliste. Il publie des contes : *Au temps de l'antan* (1988, grand prix de la littérature de jeunesse). Son œuvre, marquée par les thèmes de l'esclavage et de la domination coloniale, donne à la langue créole un statut littéraire.

Pour mieux comprendre

exhiber : montrer avec insistance.

triomphant : heureux, plein de joie.

les paupières : chacune des parties qui protègent les yeux.

un cri-bon-cœur fusa de l'assemblée : un cri collectif spontané jaillit dans la classe (expression créole).

un zanana : en langue créole, « ananas » se dit *zanana* et commence par un *z*.

morbleu : c'est un juron pour exprimer sa colère (pour « mort de Dieu »).

un hoquet : un son bref produit avec la gorge ; un choc.

un patois : un parler local (ici, le créole) ; ce mot est souvent péjoratif car il renvoie à tout ce qui est inférieur (culture, civilisation).

(s') engouer l'entendement : le maître pense que le créole étouffe, gêne la raison des élèves.

Une bouillie visqueuse : un liquide pâteux qui colle.

Une indignation : un sentiment de colère.

Découverte

1 De quelle œuvre est extrait ce texte ? Quel est le sujet de ce roman ?

2 En vous aidant du chapeau, dites où se déroule l'histoire.

3 Lisez la première intervention du maître : où se trouve-t-il et à qui parle-t-il ? Relevez les quatre mots qui caractérisent sa manière de parler. Qu'en déduisez-vous ?

4 Dans le deuxième paragraphe, les deux verbes sont au passé simple (temps de la narration au passé). Qui parle ?

Exploration

1 Lisez tout le texte. Dans le premier et dans le dernier paragraphe, repérez le mot « Maître » et dites pourquoi ce mot est écrit avec une majuscule.

2 « il exhiba un fruit et le disposa avec soin… » : sur quoi se fixe le regard de l'élève ? Quels sont les gestes du maître ?

3 « Il avait les mains jointes comme en action de grâce ». À quelle personne est-il comparé ? Que signifie cette comparaison ?

4 Que répondent les élèves à la question du maître ? Quelle était la réponse attendue ? Notez la réaction du maître.

5 Dans les phrases en italique, relevez ce que le maître dit de la langue créole. Quel est son jugement ?

6 Racontez, à votre tour, vos débuts d'apprentissage du français.

Dora Bruder

En 1988, le narrateur lit, dans un vieux journal de 1941, l'avis de recherche d'une adolescente de quinze ans, Dora Bruder. Il suit ses traces dans le Paris des années 1990.

Pour l'année 1942, il existe un registre des Tourelles. Sur la couverture de celui-ci est écrit : FEMMES. Y sont consignés les noms des internées, au fur et à mesure de leur arrivée. Il s'agissait de femmes arrêtées pour faits de résistance, de communistes et, jusqu'en août 1942, de Juives qui avaient commis une 5 infraction aux ordonnances allemandes : défense de sortir après huit heures du soir, port de l'étoile jaune, défense de franchir la ligne de démarcation pour passer en zone libre, défense d'utiliser un téléphone, d'avoir un vélo, un poste de TSF...

À la date du 19 juin 1942, on lit sur ce registre : 10

« Entrées 19 juin 1942
439. 19.6.42. 5e Bruder Dora, 25.2.26. Paris 12e.
Française. 41 bd d'Ornano. J. xx Drancy le 13/8/42 ».

Patrick Modiano, *Dora Bruder*, Paris, © Gallimard, 1997.

Patrick Modiano

est né le 30 juillet 1945 à Boulogne-Billancourt. Son premier roman paraît en 1968, *La Place de l'Étoile*, qui se passe pendant la période trouble de l'occupation, époque que l'on retrouvera dans d'autres œuvres : *La ronde de nuit* (1969), *Les Boulevards de ceinture* (1972). La figure problématique du père, la solitude, la difficulté d'être, sont des thèmes qui peuplent ses écrits. Il reçoit le prix Goncourt pour *Rue des Boutiques obscures* en 1978. D'autres romans se succèdent : *Une jeunesse* (1981), *Quartier perdu* (1984), *Vestiaire de l'enfance* (1989), *Voyage de noces* (1990), *La petite Bijou* (2001). Il est co-scénariste, avec Louis Malle, du film *Lacombe Lucien* (1974), qui se passe aussi sous l'occupation. *Dimanche d'août* (1986), sera adapté au cinéma en 2002.

Pour mieux comprendre

Le 14 juin 1940, l'armée allemande d'Hitler entre dans Paris. La France est coupée en deux, suivant une ligne de démarcation (de partage) : au nord de la Loire, c'est la zone occupée, au sud, la zone libre. Le 30 juin 1940, le maréchal Pétain, au pouvoir, appelle les Français à collaborer avec l'occupant (sur le plan politique et économique) ; des lois antisémites sont promulguées et le port de l'étoile jaune est imposé à tous les Juifs le 28 mai 1942.

un registre : cahier sur lequel on note (on consigne) des noms, des faits...

Les Tourelles : ancienne caserne, à la porte des Lilas, où des Juifs étaient internés, avant leur départ pour le camp de Drancy (dans la banlieue de Paris), puis pour les camps de concentration, d'Auschwitz par exemple.

interné : enfermé, prisonnier.

faits de résistance : actes contre les occupants allemands.

commettre une infraction : ne pas respecter une loi, une règle.

Une ordonnance : une loi.

TSF (sigle de *télégraphie sans fil*) : la radio.

Découverte

1 Regardez le texte : comment est-il composé ?

2 Dans les deux premières parties, repérez les dates. De quelle époque s'agit-il ?

3 De quoi est-il question dans les deux premières phrases ?

4 Soulignez dans le texte les raisons pour lesquelles ces femmes sont arrêtées.

Exploration

1 Lisez tout le texte. Relevez ce que les ordonnances allemandes défendaient et imposaient aux Juifs. Analysez ce que vous avez trouvé.

....

....

....

....

2 Dans la dernière partie, le narrateur a retrouvé le nom de Dora sur le registre. À quoi correspondent, selon vous, les chiffres, les lettres et les lieux ? Que ressentez-vous à la lecture de ce passage ?

....

....

....

3 Relevez le temps des verbes ; quelle est leur valeur dans la narration ?

....

....

4 Dans cet extrait, il n'y a pas de trace de narrateur. Quel effet est ainsi produit ?

....

....

5 Cet extrait vous a-t-il donné envie de lire le roman ? Quelle que soit votre réponse, dites pourquoi.

....

....

....

....

Garçon manqué

La narratrice rentre d'Algérie en France.

Tout me sépare de ma vie algérienne. Tout. Ce bruit. Cette gare. Ces voyageurs pressés. Mon grand-père. Qui ne dit rien sur Alger. Sur ses plages. Sur le soleil. Sur la chaleur étouffante. Sur la vie de plus en plus difficile des Algériens. Sur l'avenir des Algériens. Sur la souffrance des Algériens. Sur le manque. Sur 5
les pénuries. Sur la violence naissante. Rien. Il demande des nouvelles de mon père. Ses dernières missions. Son tour du monde. Son travail. Ses responsabilités. Ça tombe bien, mon père n'est pas un ouvrier. Pas un travailleur immigré. Pas de ceux-là qu'on a dû vite loger dans des baraquements, des bidonvilles, des villages Sonacotra. 10
Sans eau. Sans électricité. Ceux qu'on a humiliés. Qu'on a regroupés. Qu'on a isolés. Qu'on a tardé à instruire. Par peur de la révolte. Qu'on a exploités. Qu'on a ramenés d'Algérie. Comme une denrée. Des mains fortes. De la chair ouvrière. Des hommes. Puis leurs femmes. Ramenées. Comme des paquets. Par la poste. Par ces 15
bateaux bondés. Dans une inhumanité certaine. Cette honte. Lente à accepter. À reconnaître. Cette honte française. Non, mon père est économiste. Tant mieux. Il voyage beaucoup. Ouf. C'est un Algérien diplômé. Bravo. Un haut fonctionnaire. Encore mieux. Il demande ensuite des nouvelles de ma mère, sa santé, sa vie, son 20
nouveau travail, avec un ton grave. Sa fille. Il l'appelle Méré. Je n'ai jamais su pourquoi. Méré. *Mare. Mare Nostrum.* Notre mer. Ma mère, en Méditerranée.

Nina Bouraoui, *Garçon manqué*, Paris, Stock, 2000.

Nina Bouraoui

Nina Bouraoui est née à Rennes, en France, en 1967, d'un père algérien, haut fonctionnaire, et d'une mère française, iconographe dans l'édition. Ses grands-parents maternels appartiennent à la bourgeoisie catholique bretonne (son grand-père était chirurgien-dentiste). Elle vit en Algérie de 1967 à 1981 et fait ses études au lycée français de Zürich (Suisse). Son premier roman, *La voyeuse interdite* (1991), reçoit le Prix du livre Inter et le Prix 1537 de Blois. Puis elle publie *Poing mort* (1992), *Le bal des murènes* (1996), *L'âge blessé* (1998), *Le jour du séisme* (1999), *Garçon manqué* (2000), et enfin *La vie heureuse* en 2002.

Son œuvre est une des plus attachantes de la littérature actuelle, à la fois par les thèmes qu'elle aborde (les rapports des hommes et des femmes en Algérie, l'identité, la recherche de soi) et par son style, vif et haché.

Pour mieux comprendre

un baraquement : ensemble de baraques, c'est-à-dire de logements mal construits, faits avec des planches ou des morceaux de carton ou de tôle.

un bidonville : lieu où sont construits des baraquements sans hygiène et où les gens vivent dans la misère.

une denrée : produit servant à l'alimentation ; ici, *denrée* est employé pour *chose*.

Sonacotra : organisme qui gère les foyers où sont logés les travailleurs immigrés.

humilier : considérer quelqu'un avec un grand mépris, le rabaisser, l'écraser.

tarder à : attendre, mettre beaucoup de temps à faire quelque chose.

bondé : rempli au maximum (exemple : un logement, une voiture ou un train bondé).

Découverte

1 Parcourez le texte et repérez les mots qui désignent une nationalité.

2 Lisez la première ligne : qu'est-ce que la narratrice dit sur elle-même ? Quel effet produit la place de « tout » ainsi que sa répétition ?

3 À partir de « Ça tombe bien... », relevez les phrases des deux extraits consacrés au père et analysez-les du point de vue grammatical. Comment interprétez-vous le passage d'une forme de phrase à une autre ?

4 De qui parle la narratrice dans le passage qui sépare ces deux extraits ? Pour vous aider, cherchez quel mot remplace « ceux-là ».

5 Dans le second extrait consacré au père, à quelle autre phrase du texte répond : « Non, mon père est économiste » ?

Exploration

1 Dans le passage sur les travailleurs immigrés, pourquoi la narratrice les nomme-t-elle « ceux-là » ?

....

....

2 De « pas de ceux-là » à « électricité », relevez les conditions de vie de ces hommes. Comment peut-on les qualifier ?

....

....

3 Soulignez les propositions qui commencent par « qu'on ». Qui est ce « on » ? Quel effet produit la répétition des mêmes structures grammaticales ?

....

....

4 Repérez les deux comparaisons dans ce passage. Le terme comparé n'apparaît pas. Comment expliquez-vous ce choix d'écriture ?

....

....

5 Relevez les particularités du style. Quels effets la narratrice a-t-elle voulu produire ?

....

....

....

....

Nord perdu

Nancy Huston

est née à Calgary (Canada) en 1953. Quand elle a quinze ans, sa famille s'installe à Boston, aux États-Unis, où elle poursuit ses études. En 1973, elle arrive en France, pays qu'elle adopte et où elle publie des romans, *Cantique des plaines* (1993), *La virevolte* (1994), *Instruments des ténèbres* (1996), *L'empreinte de l'ange* (1998), des essais en français et en anglais, *Lettres parisiennes, autopsie d'exil* (1986, en collaboration avec Leïla Sebbar), *Journal de la création* (1990), *Nord perdu, Douze France* (1999) et *Dolce agonia* (2001). Elle a reçu de nombreux prix, dont le prix du Gouverneur général, le Prix Goncourt des lycéens, le Prix du livre Inter. Auteure canadienne de best-sellers en français qu'elle traduit elle-même dans sa langue, Nancy Huston s'interroge sur l'exil, l'écriture et les langues.

Le problème, voyez-vous, c'est que les langues ne sont pas seulement des langues ; ce sont aussi des *world views*, c'est-à-dire des façons de voir et de comprendre le monde. Il y a de l'intraduisible là-dedans… Et si vous avez plus d'une *world view*… vous n'en avez, d'une certaine façon, aucune. 5

Enfin. J'ai poursuivi, cahin-caha, et ça a fini par marcher, je ne suis pas en train de me plaindre, j'ai maintenant ma niche de part et d'autre de l'Atlantique. (À ma surprise d'ailleurs, les livres que je considérais comme « très français » ont suscité de l'intérêt au Canada et, inversement, mon roman sur les cow-boys et les Indiens 10 a mieux marché en France : comme quoi il ne faut jamais sous-estimer le pouvoir de l'exotisme !). Le plus grand vertige, en fait, s'empare de moi au moment où, ayant traduit un de mes propres textes – dans un sens ou dans l'autre – je me rends compte, ébahie : *jamais je n'aurais écrit cela dans l'autre langue !* 15

Et si je disposais d'une troisième langue – le chinois par exemple – cela impliquerait-il un troisième imaginaire, un troisième style, une troisième façon de rêver ?

Nancy Huston, *Nord perdu*, Arles, Actes Sud, 1999.

Pour mieux comprendre

l'intraduisible : ce qui ne peut pas être traduit d'une langue à une autre.

poursuivi : v. *poursuivre*, suivre un objectif pour l'atteindre.

cahin-caha : avec difficulté.

plaindre (se) : se lamenter (sur son sort).

une niche : maison du chien ; sens figuré : un petit coin pour soi.

susciter : éveiller, produire de l'intérêt.

sous-estimer : évaluer, apprécier en dessous de sa valeur.

l'exotisme : ce qui vient des pays lointains.

un vertige : étourdissement (avoir la tête qui tourne).

ébahie : surprise.

impliquerait : v. *impliquer*, supposer, inclure.

Découverte

1 Qu'évoque pour vous le titre *Nord perdu* ?

2 Lisez la première phrase. À qui peut s'adresser la narratrice ?

3 Selon vous, de quoi va-t-il être question ?

4 Lisez le texte. Relevez les deux premières expressions en italique dans le premier paragraphe. Selon vous, pourquoi sont-elles en italique ? Quelles sont les deux langues que parle l'auteure ?

Exploration

1 Comment la narratrice définit-elle les langues ?

....

....

2 « Et si vous avez plus (…) aucune » : comment interprétez-vous cette phrase ?

....

....

3 Dans le deuxième paragraphe, qu'apprenez-vous sur l'expérience de Nancy Huston ? Qu'est-ce qui la surprend dans la manière dont ses livres sont reçus par des lecteurs de pays différents ?

....

....

....

4 Que découvre-t-elle après avoir traduit ses propres livres ? Relevez les mots qui expriment sa réaction face à cette découverte.

....

....

5 Comment interprétez-vous ce qu'elle dit de sa découverte ?

....

....

6 « Et si je disposais d'une troisième langue (…), cela impliquerait-il un troisième imaginaire, un troisième style, une troisième façon de rêver ? ». Vous qui apprenez une autre langue, quel est votre point de vue sur cette question ?

....

....

....

....

Les fiancés
de la plage

Michel Tournier

(Paris 1924)
Il étudie la philosophie pendant quatre ans en Allemagne après la Seconde Guerre mondiale. Les grands mythes inspirent ses romans. *Vendredi ou les limbes du Pacifique,* son premier roman, adaptation de *Robinson Crusoë*, obtient le Grand Prix de l'Académie française (1967). Il en fera une version pour enfants en 1977 : *Vendredi ou la vie sauvage*. Il revisite le mythe de l'ogre dans *Le Roi des Aulnes* (prix Goncourt à l'unanimité, 1970). Suivent *Les météores*, (1974), histoire de deux jumeaux, *Gaspard, Melchior et Balthazar* (1980), la légende des Rois mages, *Gilles et Jeanne* (1983), où il met en scène Jeanne d'Arc et Gilles de Rais, personnages historiques et mythiques. Puis, *La Goutte d'or* (1985), *Éléazar ou la source et le buisson* (1996). Il est également auteur de nouvelles : *Le coq de bruyère* (1978), *Le médianoche amoureux* (1989).
Passionné de photographie, grand voyageur, il a aussi publié plusieurs albums. Il est membre de l'Académie Goncourt depuis 1972.

C'était à Villiers-sur-Mer, mais Plozévet, Mimizan ou Le Lavandou auraient aussi bien fait l'affaire. Je m'étais posé, curieux et solitaire, à proximité d'un de ces groupes tribaux qui rassemblent sur le sable grands-parents, parents, enfants, cousins, amis et amis des amis. Je ⁵ songeais que les plages estivales sont la dernière chance de la famille au sens large du mot, au sens de maison, maisonnée, alors que partout ailleurs la famille est réduite à sa plus simple expression : papa-maman-enfant. L'automobile – et ses dimensions – y est certainement pour quelque chose, et il ¹⁰ faudrait dans une sociologie moderne comparer la famille-plage et la famille-auto, comme Marcel Mauss, dans un essai célèbre, distinguait chez les Eskimos la vie communautaire de l'hiver et la dispersion en groupes réduits de l'été.

Le fait est que c'est en vacances – sur les plages singulière- ¹⁵ ment – que la plupart des futurs couples se forment. Des jeunes gens et des jeunes filles habitant la même ville – voire le même quartier – se croisent, se côtoient onze mois sans se remarquer. Sans doute n'ont-ils pas « la tête à ça ». Pour qu'ils « se regardent » comme on dit aux champs, il leur ²⁰ faut la plage, qui apparaît dès lors comme un vaste champ de foire aux fiancés.

Pour mieux comprendre

Villiers-sur-Mer, Plozévet, Mimizan, Le Lavandou : quatre stations balnéaires populaires en Normandie, en Bretagne, dans les Landes et sur la Côte d'Azur.
fait l'affaire : *faire l'affaire*, convenir, correspondre.
tribaux : pluriel de *tribal*, qui fait partie d'une tribu ; ici, péjoratif : une grande et nombreuse famille, (une smala).
songeais : v. *songer*, penser.
une plage estivale : une plage d'été.
l'automobile y est pour quelque chose : l'auto est l'une des causes de ce fait.
Marcel Mauss : l'un des pères de la sociologie et de l'ethnologie françaises (1870-1950).

un essai : un écrit en prose traitant ici d'un sujet de société.
un Eskimo : un habitant des terres arctiques de l'Amérique.
une dispersion : une division, une séparation.
en groupes réduits : en petits groupes.
le fait est : la situation est, la réalité est.
singulièrement : particulièrement, principalement.
avoir la tête à ça : penser principalement à quelque chose.
aux champs : à la campagne.
un champ de foire : un grand marché public, surtout dans les campagnes.

Cependant que je me faisais ces réflexions, à quelques mètres de moi le palabre allait bon train. Au centre du groupe, la maman, plus toute jeune, un peu corpulente déjà, serrait en silence sur ses genoux le plus jeune, six ans peut-être. Mais autour d'eux les adolescents parlaient avec animation d'un concours de beauté avec élection d'une « miss » locale organisé le soir même au casino. On lance des prénoms de demoiselles ayant des chances de vaincre. Les filles se défient, intimidées et envieuses, affichant un détachement apparent pour ce genre de manifestation.

Soudain, un ange passe, et on entend la voix du petit garçon :

– Mais toi, maman, pourquoi tu ne te présentes pas au concours de beauté ?

Stupeur d'un instant. Puis hurlements de rire des adolescents. Ce gosse, quel idiot ! non mais, tu vois ça, maman au concours de beauté !

Mais, au milieu de tout ce bruit, il y en a deux qui ne disent rien. Le petit garçon qui ouvre de grands yeux et qui regarde passionnément sa mère. Il ne comprend rien, mais vraiment rien du tout à ce déchaînement de gaieté grossière. Il a beau écarquiller les yeux, ce qu'il voit indiscutablement, c'est la plus belle des femmes.

Et la maman, plus toute jeune, un peu corpulente déjà, qui regarde son petit garçon. Non, qui *se* regarde avec émerveillement dans les yeux de son petit garçon.

Les fiancés de la plage…

Michel Tournier, *petites proses*, Paris, © Gallimard, 1986.

Pour mieux comprendre

le palabre allait bon train : la discussion était animée.

corpulent(e) : assez gros(se).

un concours : une épreuve où des candidat(e)s sont en compétition.

vaincre : gagner.

se défient : v. se *défier*, s'affronter.

affichant : qui s'affiche, en montrant de façon évidente, visible.

un détachement : une indifférence.

un ange passe : expression signifiant qu'un silence se fait dans une discussion.

une stupeur : grand étonnement suivi d'un silence.

des hurlements de rire : des rires forts et violents.

un déchaînement de gaieté grossière : une explosion de rires vulgaires.

il a beau : avoir beau, faire inutilement quelque chose.

écarquiller les yeux : ouvrir tout grand les yeux.

ACTIVITÉS

Découverte

1 Lisez le titre d'où est extrait ce texte. Comment le comprenez-vous ?

2 Lisez le titre de ce texte. Qu'est-ce que la plage évoque pour vous (situations, sensations, impressions, sentiments…) ?

3 Qu'évoque l'association du mot « plage » au mot « fiancés » ? En petits groupes, imaginez un scénario, la situation et les personnages.

4 Lisez la première phrase. Citez le nom de l'endroit. A-t-il ou non une importance ? Justifiez votre réponse.

5 Lisez la deuxième phrase. Présentez le « je » et « ces groupes tribaux ». En quoi s'opposent-ils ? Faites un commentaire sur le choix du mot *tribal*.

Exploration

– Situation initiale

1 Lisez le premier paragraphe. Pour Tournier, le mot « famille » a différents sens. Lesquels ?

2 Comparez « la famille-plage » et la « famille-auto ». Puis, expliquez « les plages estivales sont la dernière chance de la famille ». Qu'en concluez-vous ?

3 À cette étape de la lecture, apportez-vous des changements à votre scénario et lesquels ?

4 Lisez le deuxième paragraphe. Quels couples se forment à la plage ? Expliquez pourquoi. Comment comprenez-vous qu'ils n'ont pas « la tête à ça » ?

5 À quoi est comparée la plage ? Comment interprétez-vous cette comparaison ?

6 À cette étape de la lecture, présentez une version définitive de votre scénario.

– **Lecture intégrale du texte**

1 Quel événement va avoir lieu le soir même ?

....

2 Dans le groupe près du narrateur, quels sont les deux personnages principaux ? Présentez-les.

....

....

3 Soulignez l'unique question du texte et notez les réactions du groupe. Commentez
ces deux attitudes.

....

....

4 « Mais au milieu de tout ce bruit, il y en a deux qui ne se disent rien ». Dans la suite du texte,
soulignez les mots ou expressions montrant la fascination d'un des personnages pour l'autre.

....

5 « (…) qui regarde son petit garçon. Non, qui se regarde avec émerveillement dans les yeux… ».
Que modifie le « Non » ? Pourquoi le narrateur écrit-il « se » en italique et quelle expression
renforce son intention ?

....

6 Finalement, qui sont les fiancés de la plage ?

....

7 Quelle est la ponctuation finale du texte ? Quel sens a-t-elle ?

....

....

8 Relisez tout le texte. L'auteur commence par ses propres réflexions. Retrouvez à partir de quel
moment débute réellement l'anecdote racontée.

....

9 Est-ce que ce texte correspond à la manière habituelle de raconter une histoire courte
(une nouvelle) ? Justifiez votre réponse puis lisez le texte de Guy de Maupassant p.90.

....

....

Prolongements

1 Imaginez un titre différent à ce texte.

2 Quelles réflexions sur l'amour fils-mère vous suggère la lecture de cette « petite prose » ?

3 Racontez par écrit un événement, une conversation dont vous avez été témoin dans un lieu
public (une plage, un café…) et qui vous a surpris, choqué ou amusé.

Entrées
par genres

- Stendhal : *Le rouge et le noir*, 1830. (p. 62)
- Balzac, Honoré de : *Le père Goriot*, 1834-1835. (p. 68)
- Dumas, Alexandre, *Les trois Mousquetaires*, chapitre XI, 1844. (p. 70)
- Sand, George : *La mare au diable*, chap. 2, 1846. (p. 72)
- Hugo, Victor : *Les Misérables*, Livre troisième, chapitre V, 1862. (p. 80)
- Flaubert, Gustave : *L'éducation sentimentale*, chapitre I, 1869. (p. 82)
- Zola, Émile : *Germinal*, chapitre I, 1885. (p. 90)
- Gide, André : *Les nourritures terrestres*, Livre septième, 1897. (p. 94)
- Colette : *La maison de Claudine*, 1922. (p. 98)
- Cocteau, Jean : *Les enfants terribles*, 1925. (p. 100)
- Breton, André : *Nadja*, 1928. (p. 102)
- Camus, Albert : *L'étranger*, 1942. (p. 108)
- Butor, Michel : *La modification*, 1957. (p. 120)
- Chédid, Andrée : *L'autre*, 4. Paroles, 1969. (p. 124)
- Perec, Georges : *Espèces d'espaces*, 1974. (p. 126)
- Le Clézio, J.-M.G. : *Désert*, 1980. (p. 128)
- Ernaux, Annie : *La place*, 1983. (p. 130)
- Duras, Marguerite : *L'amant*, 1984. (p. 132)
- Djebar, Assia : *L'amour, la fantasia*, 1985. (p. 134)
- Sarraute, Nathalie : *Tu ne t'aimes pas*, 1989. (p. 136)
- Pennac, Daniel : *Comme un roman*, 4e de couverture, 1992. (p. 140)
- Chamoiseau, Patrick : *Chemin d'école*, 2e partie « Survie », 1994. (p. 142)
- Modiano, Patrick : *Dora Bruder*, 1997. (p. 144)
- Bouraoui, Nina : *Garçon manqué*, 2000. (p. 146)
- Huston, Nancy : *Nord perdu*, 1999. (p. 148)

Théâtre

- Corneille, Pierre : *Le Cid*, acte III, scène 4, 1637. (p. 30)
- Molière : *L'avare*, acte IV, scène 7, 1668. (p. 32)
- Racine, Jean : *Bérénice*, acte IV, scène 5, 1670. (p. 36)
- Marivaux : *Le jeu de l'Amour et du Hasard*, acte I, scène 1, 1730. (p. 44)
- Beaumarchais : *Le mariage de Figaro*, acte I, scène 1, 1784. (p. 56)
- Musset, Alfred de : *Les caprices de Marianne*, acte II, scène 1, 1833. (p. 66)
- Sartre, Jean-Paul : *Huis clos*, scène 5, 1944. (p. 110)
- Ionesco, Eugène : *La cantatrice chauve*, scène 8, 1950. (p. 114)
- Becket, Samuel : *En attendant Godot*, acte II, 1953. (p. 116)

Entrées
par thèmes

Entrées
par auteurs

Académie française (l') : institution fondée en 1635 par le cardinal Richelieu ; elle a pour but de promouvoir la langue française en fixant ses règles, son orthographe. Elle élabore un dictionnaire dont la première publication date de 1694 et la dernière de 1992.

Alexandrin (un) : vers de 12 syllabes divisé en deux parties de six syllabes (les deux hémistiches), séparées par une coupe centrale (la césure) : « ceux/ qui/ sont/ a/mou/**reux**/,**//** leurs/ a/mours/ chan/te/**ront**/ » (Du Bellay).

Allégorie (une) : des notions abstraites, des sentiments y sont représentés par des personnages.

Allitération (une) : répétition d'un même son consonantique (lettres ou syllabes) : « Ceux qui sont courtisans leurs faveurs vanteront « (Du Bellay).

Anaphore (une) : répétition d'un mot (ou d'un groupe de mots) en début de phrases qui se suivent.

Assonance (une) : répétition d'un même son vocalique (lettres ou syllabes) : « je vis, je meurs ; je me brûle et me noie » (L. Labé).

Ballade (une) : poème souvent composé de trois strophes de dix décasyllabes et d'une demi-strophe (l'envoi). Chaque strophe est terminée par un refrain (voir *La Ballade des pendus* de F. Villon, XVIe siècle).

Césure (une) : c'est la pause, dans un vers, après une syllabe accentuée : « mon bien s'en **va**,// et jamais il ne dure » (L. Labé).

Chapeau (un) : informations placées juste avant le texte et qui permettent d'éclairer le contexte pour mieux comprendre ce dont il va être question.

Champ lexical (un) : dans un texte, c'est l'ensemble des mots qui se rapportent à une même idée, un même thème.

Clerc (un) : personne instruite, savante qui est dans un ordre religieux (clergé).

Connotation (une) : les mots ont un sens propre ; le fait de leur en attribuer un autre, en fonction des sentiments, des émotions, crée un sens second : c'est la connotation.

Déisme (le) : position philosophique de celui qui croit en une divinité sans appartenir à une religion ni respecter aucun dogme.

Destinataire (un) : personne à laquelle est adressé un discours.

Didascalie (une) : au théâtre, ce sont les informations (indications scéniques) données par l'auteur(e) aux metteurs en scènes, aux comédiens, sur le décor, l'époque, le lieu.

Élégie (une) : poésie d'inspiration amoureuse qui exprime la tristesse.

Emphase (une) : façon de s'exprimer en exagérant.

Enjambement (un) : dans un vers, c'est le retour au vers suivant d'un groupe de mots qui forme un sens avec le vers précédent : « Il dort dans le soleil, la main sur sa poitrine **Tranquille.** Il a deux trous rouges au côté droit ». (Rimbaud)

Épicurisme (l') : philosophie basée sur l'amour de la vie et de ses plaisirs.

Épître (une) : poème argumentatif adressé à un destinataire précis.

Exergue (un) : citation courte que place un(e) auteur(e) en début de son ouvrage et qui a pour fonction d'illustrer ses propos. On dit aussi une épigraphe.

Fable (une) : poème narratif, qui a une forme libre et qui commence ou se termine par une morale (voir les *Fables* de La Fontaine).

Hémistiche (un) : la moitié d'un vers.

Homophonie (une) : quand plusieurs mots ont un même son sans que leur graphie soit la même : [o] dans « eau », « haut », « oh ».

Glose (une) : le commentaire, l'interprétation d'un texte.

Incipit (un) : le début d'un roman, d'une nouvelle.

Intrigue (une) : les événements qui forment une histoire dans un roman, une pièce de théâtre.

Italiques (des) : ce sont des lettres (inventées en Italie) qui sont légèrement penchées vers la droite, signalant une intention de la part de l'auteur(e) : ironie, distance…

Lai (un) : au Moyen Âge, poème narratif ou lyrique.

Libertin (un) : personne qui revendique la liberté de pensée, qui n'obéit ni à la morale ni à la religion (dérivé : le libertinage).

Lyrisme (le) : le fait d'exprimer avec passion ses sentiments, ses émotions.

Métaphore (une) : figure de style qui établit une relation d'équivalence entre deux termes : « C'est un trou de verdure où **chante** une rivière » (Rimbaud). Le bruit de la rivière rappelle celui du chant.

Monologue (un) : au théâtre, lorsqu'un personnage seul se parle à lui-même (voir une tirade).

Narrateur (un) : celui qui raconte. Il a un point de vue **omniscient** quand il sait et voit tout ; il a un point de vue **interne** quand il dévoile les sentiments du personnage ; il a un point de vue **externe** quand il ne sait et ne voit que ce que perçoit le personnage.

Ode (une) : poème destiné à être chanté.

Pied (un) : groupe de lettres formant une **syllabe**. Le « e » muet n'est pas toujours compté : « C'est / un/ trou/ de/ ver/dur(e)/ où/ chan/t(e) un /e/ ri/vièr(e) » (Rimbaud).

Prix littéraires français :

– **Le prix Goncourt** : créé en 1903 par l'écrivain Edmond de Goncourt, c'est le plus prestigieux des prix littéraires. Il est décerné chaque année au meilleur ouvrage d'imagination en prose.

– **Le prix Fémina** : créé en 1904, ce prix entend faire contrepoids à l'Académie Goncourt, jugée misogyne. Il est décerné par un jury féminin pour récompenser les meilleurs romans. Depuis 1986, il existe un prix Fémina étranger.

– **Le prix Renaudot** : créé en 1925 par des journalistes, il est décerné à un(e) auteur(e) de roman ou de nouvelle.

– **Le prix Médicis** : créé en 1958, il récompense un roman, un récit, un recueil de nouvelles qui apportent un style nouveau.

Procédés stylistiques (les) : tous les moyens (métaphore, comparaison, anaphore, répétition…) que l'auteur(e) utilise pour produire un effet.

Rimes (les) : les sons identiques à la finale des mots, en fin de vers. Ils créent une mélodie. Les rimes peuvent être plates (aabb), croisées (abab) ou embrassées (abba).

Rondeau (un) : au Moyen Âge, c'est un poème lyrique à forme fixe qui a soit 7-8 vers, soit 10 vers.

Satire (une) : discours (récit, poème) qui a pour but de critiquer une personne, une idée, en les ridiculisant.

Sonnet (un) : poème à forme fixe qui vient d'Italie et est introduit en France au XVIe siècle. Il comporte deux quatrains (strophes de quatre vers) et deux tercets (strophes de trois vers). Les rimes doivent normalement respecter une disposition stricte : 1er et 2e quatrain : abba ; 1er tercet : ccd et 2e tercet : eed. Certains poètes, surtout à partir du XIXe siècle, ne respectent pas toujours cette disposition.

Strophe (une) : un ensemble de vers.

Tirade (une) : au théâtre, lorsqu'un personnage parle longuement face à un autre (voir un monologue).

Troubadour et trouvère (un) : au Moyen Âge, ce sont des poètes, des jongleurs qui accompagnent leurs poèmes de musique ; ils célèbrent l'amour courtois et les exploits chevaleresques. Les troubadours viennent du Sud et parlent la langue d'oc ; les trouvères viennent du Nord et parlent la langue d'oïl.

N° d'éditeur : 10099865 - CGI - Juin 2003 - Imprimé en ITALIE par LIBERDUPLEX